中国金融稳定报告

China Financial Stability Report

2006

中国人民银行金融稳定分析小组

中国金融出版社

中国人民银行金融稳定分析小组

组　长： 吴晓灵

副组长： 刘士余

成　员（以姓氏笔画为序）：

王允贵　刘连舸　许罗德　陈小云

张　新　张晓慧　金　琦　胡正衡

唐　旭　唐思宁　穆怀朋　戴根有

《中国金融稳定报告（2006）》编写组

总　纂：张　新

统　稿：王素珍　孙　涛

执　笔（以姓氏笔画为序）：

马贱阳　王　蔚　王　聪　王少群　王素珍
伍　戈　刘　珂　刘　勤　刘　颖　孙　涛
闫先东　李　妍　陈　敏　陈　静　陈建新
张　新　张健华　张甜甜　肖玉萍　杨丽慧
杨金梅　孟　辉　林文顺　庞继英　欧阳昌民
胡　平　洪　波　赵增德　徐　忠　陶　玲
钱士春　秦国楼　梁　静　温建东　蔡国喜
谭静蕙　颜海波

其他参与写作人员（以姓氏笔画为序）：

王　楠　王习武　刘卫江　李　臣　李　萱
李文勇　杨　柳　杨小军　张国建　查　宏
洪加兴　胡雪琴　郭大勇　栗志纲　贾润军
黄　佳　曹雪锋　谢　丹　彭　劼　储爱武
裴　曦　熊莲花

编写说明

2005年是中国金融改革和风险处置取得突破性进展的一年，金融发展取得了令人瞩目的成绩，金融创新日益活跃，金融业对外开放水平不断提高，金融体系的稳定性明显增强。《中国金融稳定报告（2006）》力求全面、客观地反映这一时期中国金融改革、发展与稳定的最新成果，不断完善中国人民银行的金融稳定评估和金融风险监测工作。

《中国金融稳定报告（2006）》的结构安排如下：第一章综述中国金融稳定情况，第二章分析宏观经济运行对金融稳定的影响，第三章至第五章分别论述银行业、证券业、保险业改革与发展状况及其对金融稳定的影响，第六章重点讨论金融业综合经营的发展现状与试点工作，第七章讨论金融市场发展与金融稳定的关系，第八章探讨中国存款保险制度建设的紧迫性和关注点，第九章分析支付体系的运行状况、风险管理以及发展与完善。报告中穿插了18个专栏，对一些关系金融稳定的重要问题进行深入分析和讨论。中国金融出版社为报告的出版做了大量的框架设计和文字编辑工作。

我们希望通过该报告及时介绍中国金融改革、开放与金融稳定的最新情况，同时对某些热点问题进行重点论述，尽可能动态地体现2005年中国金融业改革、发展、稳定的全貌。但由于理论知识水平有限，金融稳定评估的实践经验不足，《中国金融稳定报告（2006）》难免存在许多不当之处，恳请各有关部门、专家学者、社会各界提出宝贵意见和建议，以利于我们不断改进金融稳定分析和评估方法，使《中国金融稳定报告》日渐成熟和完善。

中国人民银行金融稳定分析小组

二〇〇六年十月八日

目录

第一章

综　述

2005年，中国经济保持持续健康发展，金融改革和风险处置取得突破性进展，金融业发展迈出重大步伐。人民币汇率形成机制改革顺利实施，国有商业银行股份制改革成效显著，农村信用社改革进展顺利，证券公司重组全面展开，股权分置改革稳步推进，保险业综合经营试点取得新进展，银行业和证券业暴露出来的风险基本得到妥善处置，规范化的金融风险处置长效机制逐步建立，金融业对外开放水平不断提高，金融体系的稳定性明显增强。

一、金融改革取得突破性进展，金融风险得到妥善处置，中国金融总体稳定

2005年，党中央、国务院要求以科学发展观统领全局，正确处理好改革、发展和稳定的关系，坚持以经济建设为中心，转变发展观念、创新发展模式、提高发展质量，用发展和改革的办法解决前进中的问题，保持经济的可持续发展。这些方针政策为金融稳定营造了良好的政治、经济和社会环境。中国金融改革和风险处置取得突破性进展，金融基础设施建设得到加强，金融生态环境进一步改善，金融业对外开放水平不断提高，中国金融总体稳定。

（一）国民经济平稳较快发展，为维护金融稳定奠定了良好的基础

国民经济呈现增长较快、效益较好、价格平稳、活力增强的良好发展态势，经济总量问题得到重视，结构性矛盾开始缓解，经济运行的稳定性明显增强，经济发展的协调性有所提高。一些重点领域和关键环节的改革取得新突破，宏观调控能力显著增强。宏观经济的健康平稳运行为金融稳定奠定了良好的基础。

（二）金融改革取得突破性进展，金融业竞争力有所增强

完善人民币汇率形成机制改革顺利实施，以市场供求为基础、参考一篮子货币进行调节、有管理的浮动汇率制度基本建立。按照主动性、可控性、渐进性的原则，发挥市场供求在汇率形成中的作用，汇率弹性有所增强，人民币汇率在合理、均衡水平上保持基本稳定。

国有商业银行改革进展顺利。中国银行、中国建设银行（简称建设银行）和中国工商银行（简称工商银行）稳步推进股份制改革。中国银行、建设银行在完成财务重组和设立股份公司之后，继续完善公司治理、强化内部控制和风险管理、稳步推进战略引资和上市。建设银行于2005年10月在香港成功上市。工商银行股份制改革于2005年4月正式启动，并于当年10月整体改制为

股份有限公司，目前正按上市银行的要求不断完善公司治理，抓紧做好上市准备工作。中国农业银行（简称农业银行）的改革正在结合社会主义新农村建设和农村金融体制改革总体规划加紧论证。经过改革，改制银行的资本充足率、资产质量显著提高，盈利能力和财务可持续能力明显增强，改革成效显著。

农村信用社改革试点范围扩大到29个省（自治区、直辖市），改革试点工作取得重要进展。一是各项扶持政策逐步落实，在化解历史包袱方面取得积极进展。截至2005年底，中国人民银行共对2 263个县（市）安排发行8期专项票据，额度为1 599亿元，用于置换农村信用社的不良贷款和历年挂账。二是产权制度改革稳步推进，在转换经营机制上迈出积极步伐。截至2005年底，共组建农村银行类机构72家，以县（市）为单位的统一法人机构519家。三是积极探索管理体制改革，将农村信用社管理责任移交省级政府，初步明确地方政府对农村信用社的管理职责。四是支农信贷投放不断增加，为支持“三农”发展作出了积极贡献。

股权分置改革的积极效应初步显现。在国务院的统一部署下，按照“统一组织、分散决策”的工作思路和“试点先行、协调推进、分步解决”的操作步骤，股权分置改革积极稳妥推进。改制公司根据实际情况，采取了以送股为主，包括派现、权证、资产重组、缩股等多种形式的股改对价支付方案，基本达到了公司流通股股东和非流通股股东双赢的局面。股权分置改革解决了长期以来制约我国资本市场功能全面有效发挥的一个制度“瓶颈”，有利于保护投资者特别是社会公众投资者的合法权益，切实维护证券市场稳定。

证券公司重组取得积极进展。中国人民银行会同有关部门，以中央汇金投资有限责任公司、中国建银投资有限责任公司为重组平台，采取股东注资、提供流动性支持以及引进战略投资者等多种方式，先后对银河证券、申银万国、国泰君安、华夏证券、北京证券、天同证券、西南证券、新疆证券8家证券公司实施了重组。证券公司重组的顺利推进促进了证券行业资源整合，为提高证券公司的国际竞争力打下了良好的基础，有利于证券市场的稳定发展。同时，在重组中，大力推进证券公司制度建设，率先在重组类证券公司中推行客户证券交易结算资金第三方存管制度。

保险业改革取得积极成效。一是保险业服务领域不断拓宽。保险业积极发展农业保险，参与农村医疗保险及农民养老保险，扭转了近年来农业保险萎缩的局面。保险公司共研究开发了200多个责任保险产品，为维护社会稳定发挥了积极作用。二是保险业在拓宽资金运用渠道、探索综合经营方面取得了突破。截至2005年底，保险公司直接股票投资达到158.88亿元。保险公司已成为债券市场的第二大机构投资者。三是保险公司综合经营试点稳步推进。2005年，一些保险公司通过设立子公司模式开展跨业务综合经营试点；同时，银行业与保险业的合作也正由松散的业务联盟发展到资本联盟。

（三）金融风险得到妥善处置，规范化的风险处置长效机制逐步建立

在国务院领导下，各部门密切协作，加快了对银行类金融机构及证券公司的风险处置和重组改革，有效化解了金融风险。一是国有商业银行原有的财务风险得到有效化解。中国银行、建设银行和工商银行等国有商业银行通过注资、市场化处置不良资产等财务重组，实现不良资产比例大幅下降，资本充足率达到国际标准，财务基础明显改善。二是中小银行类机构的风险正在得到初步处置。中国光大银行、广东发展银行的重组和改革工作有序推进，82家城市信用社平稳退出市场，农村信用社通过中央银行票据置换不良资产等方式快速提高资本充足率，经营状况明显好转。三是证券公司积累的风险得到初步化解。2005年，共处置了13家高风险证券公司。

在处置风险的过程中，金融风险处置长效机制逐步建立。颁布和实施了《个人债权及客户证券交易结算资金收购意见》和《关于个人债权收购意见有关问题的补充通知》，规定了个人债权收购范围和收购标准，进一步明确了风险补偿的市场化原则。证券投资者保护基金设立并开始发挥作用，保险保障制度初步建立，存款保险制度正在积极酝酿之中。

（四）金融基础设施建设得到加强，金融生态环境继续改善

支付体系是金融体系的核心基础设施，其安全高效运行对金融稳定具有十分重要的意义。2005年以来，中国现代化支付系统建设迈出重要步伐，大额支付系统和小额支付系统在全国推广应用圆满完成，中国支付服务网络体系基本形成并日趋完善。支付清算系统的应急机制初步建立，并于2005年9月成功实施了大额支付系统国家处理中心与应急备份中心之间的应急切换演练，支付系统对突发事件的快速应对能力得到提高。

其他金融基础设施建设得到重视，金融生态环境继续改善。金融法制建设取得重大进展，《公司法》和《证券法》两部重要法律得到修订，金融执法力度得到加强；会计标准建设取得新的成果，企业会计准则体系进一步完善；征信体系建设取得重大进展，企业和个人信用信息基础数据库全国联网正式运行；反洗钱法制建设稳步推进，反洗钱协调机制建设全面展开。

（五）金融业对外开放水平进一步提高

加入世界贸易组织以来，中国政府坚定不移地坚持对外开放，按照加入世界贸易组织的条款，分步骤、分阶段积极主动履行金融业对外开放的有关承诺，全面推动中国金融业的对外开放和发展。截至2005年底，银行业有外资银行营业性机构254家，资产总额876.57亿美元，占全部银行业资产总额的1.89%。154家外资银行机构获准在25个城市经营人民币业务，25家外资金融机构参股了20家中资银行类金融机构。证券业有外资参股的证券公司7家，外资参股和合资（中方控股）的基金管理公司20家，合格境外投资者（QFII）32家。保险业涉及外资的保险营业性机构共40家，其中中外合资23家，外商独资17家。中外合资保险公司资产为401.8亿元，外商独资保险公司资产为266.06亿元，分别占全国保险业总资产的2.64%和1.75%。

二、维护金融稳定工作关注的重点

中国经济持续健康发展，经济运行的稳定性明显增强，经济发展的协调性有所提高，为中国金融稳定创造了较好的外部环境。但仍需要关注全球经济失衡和石油等资源价格波动、国内经济金融结构性矛盾、金融业竞争加剧以及金融创新中的潜在风险等对中国金融稳定的影响。

一是全球经济失衡和石油等资源价格波动。全球经济失衡是世界各国普遍关注的问题，它导致全球流动性过多、长期利率水平较低、资源和资产价格上涨。全球经济失衡的调整（尤其是无序调整）可能会加大国际主要货币汇率的波动，造成美国经济增长放缓和资产价格调整，进而对中国出口和经济增长产生一定影响。此外，石油等资源供求和价格波动，会给中国带来进口成本和潜在通货膨胀上升的压力，使经济增长的资源约束加大，影响中国经济持续健康发展。

二是经济结构性矛盾。中国经济的突出问题是经济结构性矛盾，主要表现为固定资产投资增长过快、消费不足和国际收支不平衡。经济结构性矛盾不利于经济持续较快增长，导致流动性过多，潜在通货膨胀压力增大，资产价格上涨，银行信贷风险增大，经济金融体系的系统性风险增加。

三是金融结构性矛盾。直接融资发展较慢且结构不合理，主要直接融资工具中股票发行萎缩，企业债发行规模小。直接融资与间接融资比例失调，间接融资比重过高，企业融资高度依赖于银行，企业高负债运营。此外，保险业规模过小和保险覆盖面不宽也使金融结构性矛盾加剧。金融结构性矛盾的存在，使得银行承担了一些本应由金融市场承担的风险，金融风险集中于银行业，不利于银行稳健经营和持续发展，不利于防范系统性金融风险。

四是加入世界贸易组织过渡期结束后中国金融业面临的竞争加剧。加入世界贸易组织过渡期结束后，中国金融业将面对开放的竞争环境和全新的竞争格局。金融业竞争加剧对现有金融监管理念、模式和有效性提出了挑战，客观上要求深化金融改革。从金融机构内部看，需要缩小金融机构在公司治理、经营机制、内部控制、风险管理、人员素质和服务水平等方面与国际水准的差距，金融机构应对利率和汇率变化的能力有待提高，中小金融机构风险需进一步化解。从外部环境看，需要进一步完善金融生态环境，推进与金融机构密切相关的国有企业转换机制，完善金融企业税收制度，健全社会诚信体系建设，加大金融执法力度。

五是金融创新和风险防范并重。要实现金融业持续健康发展，必须全面推进金融创新。金融创新可以推动资本市场发展和直接融资比重的提高，分散过度集中于银行业的风险，增加市场主体的风险管理工具，为商业银行提高信贷、利率和汇率风险管理能力创造条件。目前，中国金融机构创新能力不强，金融产品同质化现象比较普遍，金融产品创新体制不健全。中国金融机构必须不断改革和创新，拓宽业务领域，开展综合化经营试点，开发金融衍生产品，改进服务手段和方式，增强可持续发展能力。在金融创新的同时，对于防范和监控难度较大的跨行业、跨市场、跨国界的系统性风险要给予高度关注。金融机构要大力加强风险管理，金融监管部门要提高风险监测和分析水平，促进信息披露，加强金融监管协调，规范金融市场秩序。

三、以改革、开放和创新为动力，推动金融业持续健康发展，维护金融稳定

2006年是“十一五”的开局之年，也是中国加入世界贸易组织过渡期的最后一年，充分认识改革开放的重要性和紧迫性，积极适应新形势，应对新挑战，对于全面提高中国金融业整体水平和竞争能力、实现“十一五”良好开局至关重要。按照党中央、国务院的统一部署，中国人民银行将继续与其他部门密切配合，全面贯彻和落实科学发展观，以改革、开放和创新为动力，促进金融业持续健康发展，维护金融稳定。

一是继续完善宏观调控，增强宏观调控的前瞻性、科学性和有效性，保证经济金融安全、高效、稳健运行。坚持政策的稳定性和连续性，继续实施稳健的财政政策和货币政策，加强和改善宏观调控，以促进经济金融持续健康稳定

发展。坚持控制总量、优化结构，有针对性地解决经济运行中的突出矛盾和问题。坚持突出重点、有保有压，根据不同地区、不同行业的具体情况，加强分类指导。坚持以改革为动力推进各项工作，从体制和机制上消除经济发展中的不稳定、不健康因素。继续推动利率市场化改革，健全利率形成机制。进一步完善汇率形成机制改革，发挥市场供求在人民币汇率形成机制中的作用。

二是加快存款保险制度建设，建立健全金融风险处置长效机制。加快建设金融安全网，保护存款人、投资者和被保险人的合法权益。完善证券投资者保护基金和保险保障制度，防范道德风险。加快建立覆盖所有存款类金融机构的存款保险制度，加强对存款人的保护，并形成对金融监管的有效补充。进一步加强金融审慎监管，完善中央银行的最后贷款人职能。

三是深化金融改革，全面提升金融机构的竞争力。坚定不移地推进国有商业银行股份制改革，坚持国家绝对控股，改善产权结构，规范公司治理，完善内控机制与管理制度。继续推进股份制商业银行改革，加快政策性银行的职能调整和转型，进一步完善金融资产管理公司运行机制。深化农村金融改革，完善农村信用社体制，推进农业银行、农业发展银行改革，加快农村金融创新，改进农村金融服务。大力发展资本市场，着力恢复资本市场的投融资基本功能，提高上市公司质量，继续完善证券公司综合治理，依法强化市场监管，努力营造公开、公正、公平、透明的市场环境。

四是继续加强金融监管，完善监管协调机制，为金融创新打造良好的监管环境。创新是金融机构在竞争中生存发展的必然选择，也是金融改革发展的客观要求。在金融业综合经营趋势日益明显的形势下，要进一步加强金融监管，完善监管协调机制，实现信息共享，改善金融发展和创新的监管环境。

五是进一步提高对外开放水平，保障金融安全。继续扩大对外开放，更好地利用国内国外两个市场、两种资源。积极稳妥地推进金融业对外开放，适度放宽外资进入金融服务业的股权比例、业务范围和投资来源地限制。引导外资金融机构加大对中国产业优化升级和区域协调发展的金融支持力度，促进金融对外开放从总量扩张向结构优化的转变。加强金融信息安全管理，保证金融信息安全。加强对主要金融机构的控制力，确保国家金融安全。

（执笔：王素珍、孙涛）

第二章

宏观经济

2005年，世界经济增长较快，国际金融市场总体平稳。中国经济呈现增长较快、效益较好、价格平稳、活力增强的良好发展态势，宏观调控政策顺利实施，这些为中国金融稳定创造了良好的国际国内环境。同时，需要密切关注全球经济失衡和国内经济结构性矛盾等因素对中国金融稳定的影响。

一、全球经济金融环境

全球经济金融发展状况良好，为各国维护金融稳定奠定了坚实的基础。与此同时，各国普遍关注全球经济失衡、石油等资源价格上涨、升息周期和流动性过多等风险因素。

（一）全球经济金融的基本情况

全球经济金融基本稳定，具体表现为：

一是世界经济增长较快，增长率达4.8%。美国经济增长强劲，全年的增长率为3.6%；欧元区经济缓慢复苏，全年的增长率为1.3%；日本经济复苏势头明显，全年的增长率为2.7%；亚洲和拉美地区的主要新兴市场经济体依然保持较旺盛的增长势头；中东欧转轨经济体也保持了较稳定的增长态势。

二是通货膨胀率略有上升。受能源和大多数非能源类初级产品价格较大幅度上涨的影响，大多数工业国家、发展中经济体和新兴市场经济体的通货膨胀率均不同程度地上升。但是，上述国家和地区的核心消费价格指数尚未受能源价格上涨的明显影响。

三是全球金融市场总体较为稳定，风险溢价和波动性较小。尽管全球金融市场在总体上没有出现较大的振荡，但各市场走势存在较大差异。全球股市振荡走强，其中欧亚股市回升势头明显强于美洲。债券市场方面，主要国家长期国债收益率呈现区间波动走势，总体上仍处于较低水平。外汇市场上，美元出现较强的升值态势。

四是主要工业国家和新兴市场经济体的长期利率水平仍然较低。尽管全球短期利率水平在美联储连续升息的带动下持续上升，但全球储蓄与投资不平衡、金融体系流动性过多等因素使长期利率仍处于较低水平，为世界经济增长提供了较低成本的资金支持。

（二）全球金融稳定的影响因素

尽管全球经济金融平稳发展，但也存在一些不确定因素。目前各国金融当局主要关注以下因素对全球经济金融稳定的影响。

1. 全球经济失衡

以主要国家经济增长速度差异较大及全球贸易和经常项目差额增长失衡为主要特征的全球经济失衡依然严重。在主要工业化国家中，美国经济较快增长，日本经济恢复势头有所增强，而欧元区经济复苏缓慢。这种不平衡的增长格局不利于全球经济持续均衡发展。中国经济增长率达 10.2%，在一定程度上支撑着世界经济较快增长。美国经济和中国经济成为 2005 年全球经济增长的主要动力。

在贸易和经常项目差额增长方面，美国经常项目逆差不断扩大，2005 年美国经常项目逆差占其 GDP 总量的 6.4%（图 2－1），而日本、德国、石油输出国和亚洲一些新兴市场经济体的贸易顺差不同程度地继续扩大，外汇储备增加（表 2－1），并成为弥补美国经常项目赤字的主要来源。全球经济持续失衡不仅损害世界经济增长前景，而且破坏各国正常的经贸关系。

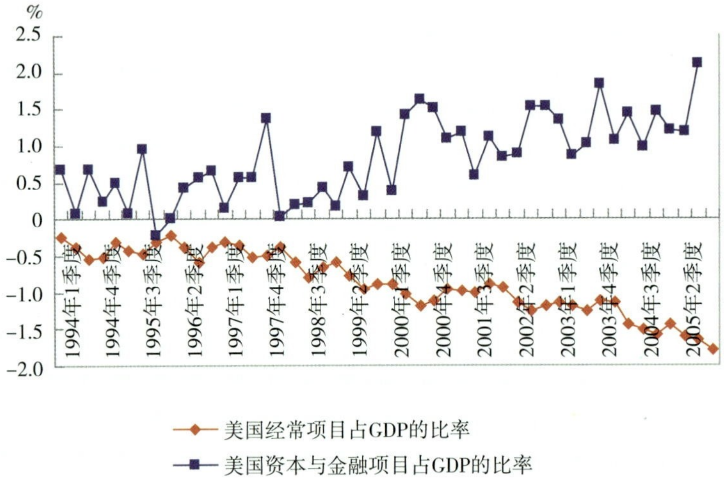

图 2－1　美国国际收支情况

数据来源：国际货币基金组织，《国际金融统计》。

表 2－1　新兴市场国家和发展中国家：净资本流入

单位：10 亿美元

	1995～1997	1998	1999	2000	2001	
储备变化	－103.9	－29.5	－101.3	－128.3	－128.1	
经常项目	－88.3	－49.6	42.9	128.6	90.5	
	2002	2003	2004	2005	2006	2007
储备变化	－194.7	－351.6	－515.4	－580.2	－584.2	－562.3
经常项目	138.5	229.4	310.5	511.2	576.5	569.5

说明：新兴市场国家和发展中国家的经常项目顺差和储备不断增加（在国际收支平衡表中，储备增加记为“－”）；2006 年和 2007 年数据为预测数。

数据来源：国际货币基金组织，《世界经济展望》，2006 年 4 月。

全球经济失衡的根源是美国储蓄率较低和一些国家（包括石油出口国和亚洲国家）储蓄率较高。虽然美国公司超额储蓄冲销了近一半的政府和居民部门净债务增长额，并在一定程度上缓解了经常项目赤字的严重程度，但由于 2004 年第二季度至 2005 年第一季度美国个人储蓄率降至零以下，政府财政赤字也不断膨胀，所以美国总储蓄依然为负，其经济增长高度依赖于国外储蓄（表 2－2）。

表 2－2　美国与其他国家及其各部门间的资金流动关系（占美国 GDP 比例）

单位：%

	1952～1982	1986～1987	1952～2000	2004 年 2 季度至 2005 年 1 季度
其他国家	－0.4	3.1	0.5	5.8
美国居民[1]	4.1	5.3	3.8	－3.3
美国公司[2]	－1.7	－1.1	－1.3	1.7
美国联邦、州、地方政府	－1.9	－5.3	－2.5	－4.2
其他	－0.2	－2.0	－0.4	0.0

注：1. 包括居民和非盈利组织；2. 包括非农业和非金融公司。

说明：美国居民储蓄、公司储蓄与政府储蓄分别占美国 GDP 比率的和等于其他国家储蓄占美国 GDP 比率；2004 年第二季度至 2005 年第一季度，美国政府财政赤字和居民负债上升，其他国家为美国提供的融资占美国 GDP 的 5.8%。

数据来源：美联储，转引自国际货币基金组织，《全球金融稳定报告》，2005 年 9 月。

全球经济失衡调整会带来很大冲击。尽管美国拥有发达的金融市场，金融全球化也为美国提供了更为便利的融资渠道和工具，但如果美国的经常项目赤字增速高于 GDP 增速的状况持续下去，那么美国资产的投资价值可能终将受到质疑和挑战，投资者继续持有和购买美国金融产品的意愿将会降低。如果外部资金不再流入美国，则可能出现美元大幅贬值、消费和投资萎缩、利率上升和金融市场动荡，这将危及全球经济金融稳定。全球经济失衡持续的时间越长，出现无序调整的风险将越大，给世界经济造成的破坏也会越严重。

此外，随着全球经济失衡的加剧以及发达国家对来自新兴市场国家竞争担忧的增加，贸易保护主义在全球有重新抬头的趋势，各种形式的贸易摩擦有增无减，并且从商品贸易领域扩大到服务贸易和投资领域，损害市场经济的效率和灵活性，危及世界经济的平稳运行。

解决全球经济失衡问题是各国的共同责任，需要美国、欧洲、亚洲国家和石油输出国的密切配合与努力。美国需要提高其私人储蓄率，减少财政赤字，减少贸易逆差。欧洲和日本应继续推动经济结构性改革，增加劳动力市场的弹性。亚洲国家需要增加社会性财政支出（养老、医疗和社会保障体制建设），刺激和扩大消费，降低经济增长对出口和投资的依赖程度。石油输出国则需要多元化投资其石油美元收入，避免集中投资于美元资产，增加对教育、基础设施等方面的投资。

2. 石油等资源价格上涨

受发达国家大量增持战略石油储备和新兴市场国家石油需求增加、低利率和流动性过多、市场投机等需求因素的影响，以及地缘政治、生产链条断裂等供给因素的影响，2003 年以来，国际油价大幅攀升，2005 年 12 月 30 日，WTI 近月期货价格①收于 61.04 美元，较年初上涨 44.9%。国际货币基金组织（IMF）能源和非能源价格指数分别比上年上升 42% 和 18%。上述产品价格上涨增大了全球通货膨胀和升息压力，对这些商品的进出口国产生一定影响，尤以石油价格上涨的影响最为显著：从石油进口国来看，油价上涨将会导致其进口成本上升，贸易条件恶化②，本币贬值压力加大，公司利润率、消费及资产价格下降，经济增速将会因此而下降。从石油输出国来看，油价上涨将会导致其出口收入增加、贸易条件改善、石油美元增加、本币面临升值压力、资产价格上升、消费和投资增加，经济增速将会因此而上升，而石油美元收入将进一步压低全球利率水平。如果石油美元大量投资于美国金融资产，会使美国维持较高的消费水平和较低的储蓄率，加剧全球经济失衡，增大失衡调整的难度。

3. 升息周期

全球主要经济体进入升息周期。2005 年，美联储 8 次将联邦基金目标利率上调 0.25 个百分点至 4.25%，欧洲中央银行 12 月 1 日将主导利率上调 0.25 个百分点至 2.25%，日本银行仍然维持零利率的货币政策。此外，泰国、

---

① 指期货合约的最近的交割月份。

② 国际货币基金组织最近的一项研究表明，2003 年以来由于油价上涨因素而直接造成的美国经常项目赤字额超过了其 GDP 总量的 1%。见国际货币基金组织，《世界经济展望》，2006 年 4 月。

印度尼西亚、菲律宾等国货币当局也纷纷上调官方利率。利率上升可能使经济增长趋缓，资金流向发生变化，资产价格下调，利率风险增加，银行资产质量恶化，系统性金融风险增加。

4. 流动性过多

流动性过多是全球性问题。它导致长期收益率曲线下移，助长了石油等资源品价格上涨，推动了股市、房地产价格的上升。流动性过多的主要原因：一是美国和日本长期实行宽松的货币政策，二是亚洲国家和石油输出国的储蓄过多。

各国都非常关注全球流动性过多问题，积极研究应对政策措施，这些政策措施的出台可能会使全球流动性趋紧和资产价格调整。随着全球产出缺口的逐步缩小、全球货币政策趋紧和西方七国公司储蓄增速趋缓，利率上升压力增大，欧洲私人资本、亚洲外汇储备和石油美元的投资资产结构可能发生调整，并引致资本流向变化、主要货币汇率水平调整和外汇资产价值变化。有研究表明，如果因美元贬值10%导致全球流动性收紧，则外国投资者在美国股票市场、债券市场上的财富损失可达这些国家GDP的5%[①]。

二、中国宏观经济运行

中国经济持续健康发展，经济运行的稳定性明显增强，经济发展的协调性有所提高。这些为中国金融稳定创造了较好的外部环境。同时，一些影响经济发展的体制性、机制性的深层次矛盾依然存在。

国民经济保持平稳快速发展的良好势头。农业生产形势较好，工业生产保持平稳较快增长，企业利润状况良好，工业结构调整出现积极变化，企业效益进一步提高，煤电运支撑条件改善，投资和净出口需求旺盛，消费增长稳中趋旺，2005年国内生产总值18.3万亿元，比上年增长10.2%。居民收入保持较快增长，就业形势继续好转；居民消费价格有所回落，生产资料价格涨幅基本稳定；对外贸易继续快速增长，外汇储备再创新高；金融运行健康平稳，金融宏观调控取得明显成效；重点领域改革不断深化；财政收入有较大幅度增长，人民生活进一步改善，社会事业发展迈出新步伐。中国正在加快转变经济增长方式，使经济增长方式朝着降低能源、资源和资本的密集度，更多地依靠知识和创新驱动以及更加公平分享的方向转变。

继续执行稳健的货币政策。按照党中央、国务院加强和改善宏观调控的统

---

① 参见Francis E. Warnock，“*How Might a Disorderly Resolution of Global Imbalances Affect Global Wealth?*”，IMF Working Paper，WP/06/170。

一部署，中国人民银行执行稳健的货币政策，加强银行体系流动性管理和本外币政策协调，综合运用公开市场操作、利率杠杆和“窗口指导”等多种货币政策工具，保持政策的连续性和稳定性，着力优化信贷结构，为经济结构调整和经济增长方式的转变提供稳定的货币金融环境。

稳步推进人民币汇率形成机制改革。经过精心准备和周密部署，经国务院批准，中国人民银行宣布自2005年7月21日起，开始实行以市场供求为基础、参考一篮子货币进行调节、有管理的浮动汇率制度，人民币对美元交易价格调整为1美元兑8.1100元人民币。人民币汇率形成机制改革具有重大意义。7月21日以来，新的人民币汇率形成机制运行平稳，人民币汇率在合理均衡水平上保持基本稳定。企业和商业银行的避险能力稳步提高，人民币汇率的价格杠杆作用初步发挥。

良好的宏观经济运行和稳健的宏观经济政策为金融稳定奠定了较为坚实的基础。**与此同时，中国经济运行也面临一些突出问题，**主要表现为固定资产投资增长过快，消费率过低，投资与消费失衡。2002年以来，固定资产投资同比增长率一直高于20%（图2－2），而消费率处于较低水平。2005年，中国最终消费/GDP比率为52%，与日本在20世纪70年代的较低水平64%和韩国在20世纪80年代的较低水平70%相去甚远。投资率上升，消费率下降，进一步加重了投资与消费失衡的程度。

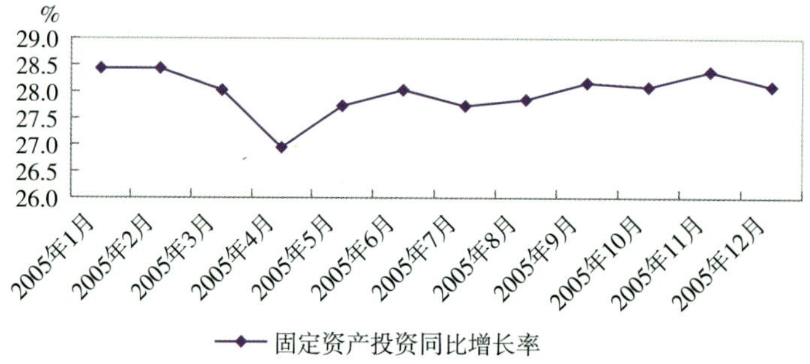

图2－2　固定资产投资同比增长率（2005）

数据来源：CEIC。

三、国际国内宏观经济环境对金融稳定的影响与应对措施

国际国内宏观经济运行良好，为中国金融稳定创造了良好的环境。同时要

关注影响中国金融稳定的因素，并采取应对措施，维护金融稳定。

（一）全球经济金融风险

由于中国经济金融的对外开放度不断提高，全球金融风险必然会对中国金融稳定产生一定影响，主要体现为：

第一，全球经济失衡现状及其可能的调整影响中国金融稳定。一些突发事件，如地区冲突、恐怖袭击、石油等资源供给的大幅下降以及贸易保护主义态势增强，都可能改变全球资产配置的结构，引发全球经济失衡的无序调整。全球经济失衡的调整（尤其是无序调整）会导致主要货币汇率大幅波动。如果美国经济增长放缓和资产价格调整，将对中国经济和金融稳定产生一定影响。

第二，石油等资源品价格波动影响中国金融稳定。2005 年中国石油进口量相当于当年石油消费量的 40% 以上。由于国内石油价格补贴不可能长期持续下去，所以国际石油价格上涨会通过进口渠道反映在生产渠道并最终传导为国内通货膨胀压力。此外，石油等资源的市场供需波动会导致相关行业的生产能力波动，影响经济持续健康发展，波及金融稳定。

第三，全球升息趋势会对中国金融稳定产生双重影响：一方面，美欧日利率上升有利于分流中国部分流动性；另一方面，随着美国加息周期趋于结束，而其他主要经济体正逐步进入加息周期，美元可能走软，从美元资产撤出的国际资本可能会增加中国的资本流入压力。

第四，国际流动性影响中国金融稳定。国际流动性通过多种国际收支渠道进入中国，增大国内通货膨胀压力和资产价格上涨压力，增加潜在系统性金融风险。

（二）经济结构性矛盾

经济结构性矛盾是固定资产投资增长过快和国际收支不平衡的重要原因。如果任其发展下去，会加大经济波动幅度，阻碍经济持续健康发展，推高房地产价格，带来潜在通货膨胀压力，影响银行信贷资金安全，增加金融风险。

经济结构性矛盾突出反映为中国经济增长过度依赖于投资和出口，投资与消费失衡。结构性矛盾既与工业化、城市化和市场化进程有关，也与当前的经济增长方式、经济结构和经济效率有关，再加上目前利率水平和资金成本较低，地方政府的投资热情较高，银行放贷意愿积极，更加剧了投资与消费的失衡。

投资与消费失衡已经成为影响经济协调平稳发展的突出矛盾。一方面，消费率过低导致储蓄率和投资率过高，使得经济增长主要依靠投资拉动，部分行业盲目扩张，粗放式的经济增长模式难以转变；另一方面，当消费率不断下降以至储蓄率超过投资率时，必然形成贸易顺差。而且，这一问题还存在内在的自我放大机制。低消费率在导致高投资率、生产能力迅速扩张的同时，造成国内需求相对不足，因此只能通过出口和顺差来消化，而顺差的大量增长又会造成国内流动性过多，从而进一步刺激投资，降低消费率，抑制服务产业的发展，形成不断偏离均衡状态的自我循环和问题的自我累积，从多方面加大宏观调控和维护金融稳定的难度。

（三）国际收支不平衡和流动性过多

近年来，中国持续出现的国际收支顺差，在增加外汇储备、增强经济实力的同时，也会对经济金融产生一些不利影响。一是在经济高增长、投资需求旺盛的条件下，国际收支顺差通过结汇直接为投资提供了大量资金，从而削弱了信贷政策的效果，制约宏观调控的主动性和有效性。二是造成市场流动性过多，真实利率被压低，进一步刺激了投资及贷款的扩张，不良贷款反弹压力增大，银行体系的脆弱性增大。三是国际资本投资或投机于国内市场（包括股市、房地产市场），推升股票、房地产等资产价格，资产价格上升会增大通货膨胀压力，而过度上升的资产价格一旦下跌又会导致居民和企业财富损失，银行不良资产增加。四是国际收支顺差造成国际贸易摩擦增多。五是国际收支顺差和人民币升值预期使短期外债占比上升（图2－3），加大与短期外债有关的金融风险。

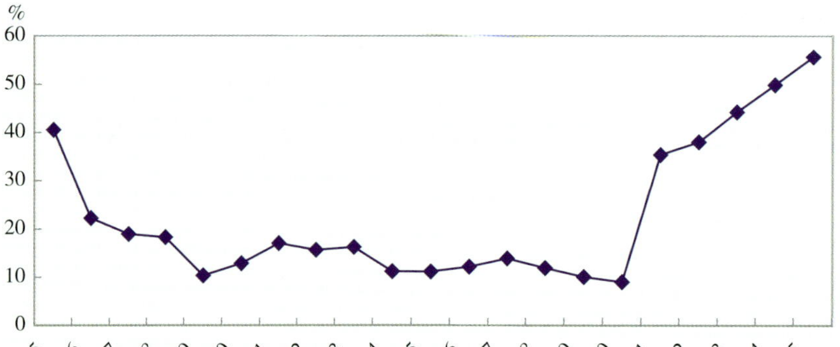

图2－3　短期外债占外债总额之比

数据来源：国家外汇管理局。

国际收支不平衡与流动性过多相互作用、相互影响。国际收支不平衡是导致流动性过多的重要原因：外汇储备快速增长的直接影响是外汇占款增加较多，中央银行被动地投放基础货币，既减小了货币政策操作空间，又造成市场流动性过多。而流动性过多又进一步推动投资增长和货币信贷投放，加剧国际收支不平衡。

国际收支不平衡和流动性过多对金融稳定的影响方式和后果主要体现在：首先，导致利率风险上升。过多的流动性流向货币市场导致货币市场利率走低，流动资产收益率持续下降，长短期利率倒挂，造成银行经营效益水平下降、银行利润受到侵蚀。其次，导致信贷扩张和信贷风险上升。过多的流动性使商业银行的资金营运压力加大，银行发放贷款意愿增强，银行的资产收益率受到影响，增大信贷风险。再次，导致过度投资。过多的流动性加剧产能过剩，带来通货紧缩压力，加剧国际贸易摩擦，而产能的集中释放会引起部分行业利润下滑，影响银行信贷资金的安全。最后，导致通货膨胀和资产价格上涨压力。流动性过多将增大潜在通货膨胀压力，推升房地产价格，导致经济过热和投资效率下降，潜在金融风险增加。

总之，当前国民经济运行中出现的固定资产投资增长过快、国际收支不平衡过大等问题相互交织、相互推动。投资规模过大，增加了对银行贷款的需求；银行资金流动性过多，为投资过快增长提供了支撑；银行资金流动性过多又与国际收支“双顺差”增大、外汇占款过多密切相关；由于投资过度扩张，造成一些行业产能过大，进一步推动出口，加大了外贸平衡的压力。这些问题如果继续发展下去，将会造成一系列的严重后果：加剧经济发展不平衡的矛盾，特别是加剧投资与消费关系失衡；导致一些产能过剩行业再度盲目扩张，从而增加银行不良贷款，加大金融风险；使刚刚宽松的煤电运形势发生逆转，资源环境约束矛盾进一步加大；加剧国际收支不平衡和贸易摩擦，使人民币面临更大的升值压力。这样，经济社会发展不仅难以转入全面、协调、可持续发展的轨道，而且将增大经济波动的风险。随着中国参与经济金融全球化程度的不断提高，上述问题将给中国银行业和金融稳定带来更大的压力和冲击。

为维护中国金融稳定，促使经济金融平稳健康发展，需要积极采取措施，推动经济结构调整，充分发挥货币政策、汇率政策、财政政策等宏观调控政策的作用：一是采取措施切实推动经济结构调整和增长方式的转变。继续努力促进消费，增加进口，落实扩大内需的各项措施，缓解经济总量和结构矛盾，促进经济持续协调发展。二是加大公开市场操作力度，灵活调节流动性水平。三是积极发挥财政政策的作用，加大公共财政转型力度，增加社会发展支出，增加教育、医疗及社会保障的支出份额，增加公共产品供给。四是进一步发挥新的人民币汇率形成机制的作用。根据内外条件动态把握汇率政策，发挥汇率的价格杠杆作用。监测人民币汇率灵活性逐渐增强对宏观经济和金融稳定可能产生的影响，继续培养和提高金融机构、企业和居民等市场主体应对汇率风险的能力。五是加快实施“走出去”战略。在确保储备流动性、对外支付能力、储备资产保值增值的前提下，采取有效措施，推动建立更加市场化、多层次、多元化的对外投资渠道。六是加强对跨境资本特别是短期资本的监测和管理。重点监测房地产领域、个人外汇交易领域、跨境关联交易和离岸账户的资金流动情况，建立和完善跨境资金流动的相关监测预警体系。

专栏1：关注房地产市场波动带来的潜在金融风险

2004 年以来，针对房地产投资规模和房价上升速度过快的问题，国家连续出台了一系列产业、税收和信贷调控措施。2005 年，住宅施工面积、住宅竣工面积和商品房销售面积的同比增长率都比较稳定地维持在20% 上下（图 2－4）；2005 年购置土地面积和完成开发土地面积也维持在多年来的最低水平，部分月份完成开发土地面积甚至出现负增长（图 2－5）。

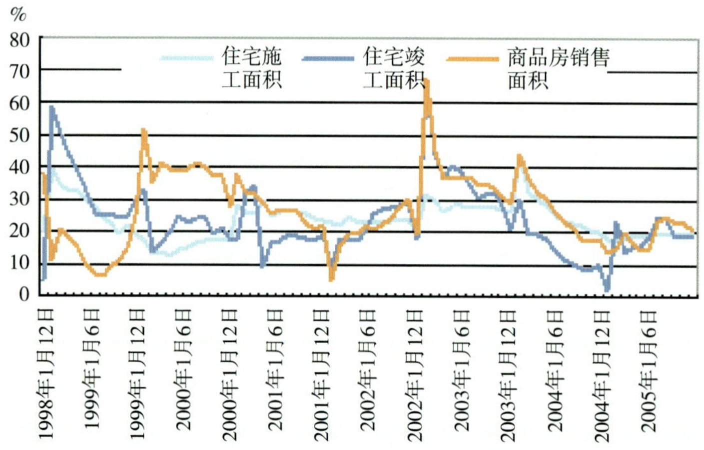

图 2－4　2005 年住宅实物供求增长率

数据来源：中国人民银行。

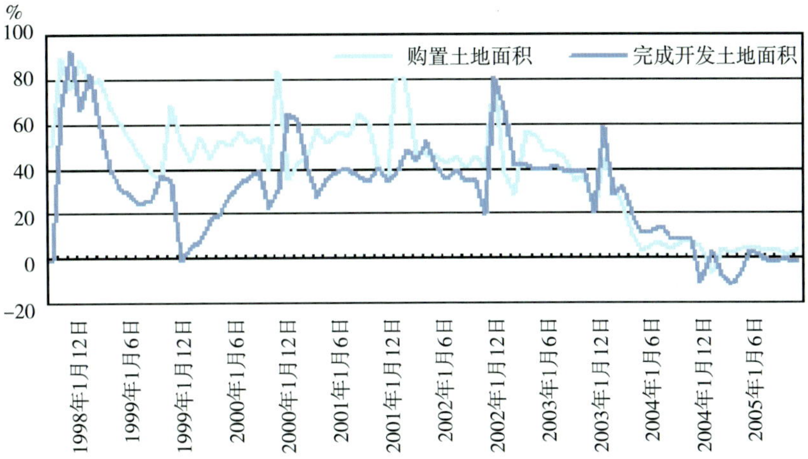

图 2-5 2005 年购置土地面积和完成开发土地面积增长率

数据来源：中国人民银行。

2005 年末，16 家商业银行[①]房地产业贷款质量有所提高。16 家商业银行对房地产企业贷款余额10 291亿元，比上年增加 390 亿元；房地产企业不良贷款余额为 916 亿元，比上年减少 182 亿元；国有银行和股份制银行对房地产企业贷款占全部贷款的比重趋降；16 家商业银行对房地产企业的不良贷款率为 8.90%，比上年下降 2.19 个百分点。

个人住房贷款占个人消费贷款的 90% 以上，因此，个人消费贷款可视为对房地产的需求方提供的融资。2005 年末，16 家商业银行个人消费贷款余额 20 258 亿元，比上年增加 1 772 亿元，个人消费贷款不良贷款余额为 518 亿元，比上年增加 184 亿元；不良贷款率为 2.55%，比上年上升 0.75 个百分点。

鉴于房价攀升和房地产信贷规模较大的情况，需要关注房地产市场波动带来的潜在金融风险：一是宏观经济波动风险。房地产市场的调整会通过托宾 q 效应和财富效应分别影响投资和消费，进而对经济增长和金融稳定产生负面影响。二是房地产价格下跌和房地产信贷下降的风险。商业银行在发放房地产贷款时注重房地产的抵押价值，对借款人第一还款来源的资质审查不够。当前房地产周期尚不明朗，如果房价出现较大幅度下跌，银行自身持有的房地产抵押价值会降低，冲抵银行自有资本，银行资本的下降会使银行减少对房地产业的信贷投放，推动房地产价格更大幅度的下

① 16 家商业银行包括四大银行（中国工商银行、中国农业银行、中国银行、中国建设银行）和 12 家股份制商业银行（交通银行、中信银行、光大银行、华夏银行、广东发展银行、深圳发展银行、招商银行、上海浦东发展银行、兴业银行、中国民生银行、恒丰银行、浙商银行）。

降。三是银行信贷损失风险。由于房地产贷款占比较高，在当前国内资产证券化等金融产品缺乏的情况下，房地产价格下跌可能使房地产市场波动风险高度集中于银行体系，导致从事房地产金融业务的银行出现呆账、坏账。

总之，由于相当大的自住房需求还远未得到满足，对商品房相当数量的投资及投机需求将继续存在。因此，需要保持各项调控政策的持续性，重点控制房地产过度投机行为，注重完善房地产市场的各项交易制度。

（初稿执笔：杨丽慧、赵增德、闫先东、刘珂、伍戈、钱士春
终稿执笔：孙涛）

第三章

银行业

2005 年，中国银行业改革进入攻坚阶段，取得了显著成效。国有商业银行股份制改革取得重大进展，农村信用社改革成效明显，中小股份制商业银行、城市商业银行等银行业金融机构改革稳步推进，银行业主要金融风险基本得到化解，维护银行业稳定运行的基础进一步完善。经过改革，中国银行业稳健运行，经营业绩逐步提升，资产质量大幅改善，资本充足率明显提高，公司治理进一步完善，抗风险能力不断增强。

一、银行业运行状况

银行业金融机构体系不断健全。截至 2005 年底，银行业金融机构包括 3 家政策性银行、4 家国有商业银行、12 家股份制商业银行、115 家城市商业银行、599 家城市信用社、27 036 家农村信用社、60 家农村合作银行、12 家农村商业银行、4 家金融资产管理公司、59 家信托投资公司、74 家财务公司、12 家金融租赁公司、5 家汽车金融公司以及众多邮政储蓄机构。

资产总额及存贷款余额平稳增长。截至 2005 年底，境内中资银行业金融机构资产总额 37.5 万亿元，比上年底增长 18.6%；负债总额 35.8 万亿元，比上年底增长 18.1%；本外币贷款余额为 20.7 万亿元，增长 12.8%；本外币存款余额为 30.0 万亿元，增长 18.2%。

综合盈利能力不断增强。2005 年，银行业运行的稳健程度明显提高。4 家国有商业银行和 12 家股份制商业银行的整体利润水平较 2004 年有大幅提高，境内业务利润大幅增加：实现拨备前利润 2 573 亿元，比上年增加 470.20 亿元，增长 22.36%；拨备前资本利润率为 26.10%，其中四家国有商业银行为 23.73%，12 家股份制商业银行为 36.42%。

不良贷款余额和比例实现“双下降”，资产质量大幅改善。截至 2005 年底，按照五级分类口径，4 家国有商业银行和 12 家股份制商业银行不良贷款余额为 12 196.6 亿元，比上年底减少 4 985.8 亿元；不良贷款率为 8.9%，比上年底下降 4.3 个百分点。这是继 2002 年、2003 年、2004 年后连续第四年“双下降”。不良贷款实现“双下降”的主要原因：一是各银行加强了贷款管理，加大了授权授信管理和贷款检查力度，防止新的不良贷款产生；二是结合财务重组，有关银行处置了大量不良资产。

资本充足率提高较快，抵御风险能力增强。截至 2005 年，4 家国有商业银行和 12 家股份制商业银行资本净额比上年底增加 6 736.98 亿元，其中实收资本比上年底增加 1 572.00 亿元。国有商业银行、股份制商业银行和城市商业银行中，资本充足率达到中国银行业监督管理委员会（简称中国银监会）颁布的新标准要求的银行，从2004年底的30家增加到2005年底的53家。资本充足率达标银行资产占整个银行业资产的比重由2004年底的47.53%提高到2005年底的75.1%。2005年，4家国有商业银行和12家股份制商业银行的准备金覆盖率整体情况好于上年。截至2005年底，准备金缺口比上年底减少3 223.03亿元，其中4家国有商业银行的准备金覆盖率为21.48%，比上年底提高11.66个百分点，股份制商业银行为53.39%，比上年底提高8.13个百分点。

银行体系流动性比较充足。2005年，4家国有商业银行和12家股份制商业银行的资产流动性比较充足。除中国农业银行第二、第四季度流动性比率低于标准值25%（分别为24.25%和23.03%）外，其他15家商业银行的流动性比率均始终在标准值以上。

二、银行业改革成效

（一）国有商业银行股份制改革取得重大进展

2005年，国有独资商业银行股份制改革试点工作稳步推进。中国银行和建设银行在2004年完成了财务重组和股份制改造后，2005年继续完善公司治理机制、不断强化内部控制和风险管理、稳步推进战略引资和公开发行上市工作。建设银行先后引进了美国银行和新加坡淡马锡控股（私人）有限公司；中国银行引进了苏格兰皇家银行集团等四家战略投资者。建设银行于10月27日在香港成功上市。工商银行股份制改革试点工作在2005年上半年启动并稳步推进。4月22日，国务院通过中央汇金投资有限责任公司（简称汇金公司）向工商银行注资150亿美元；6月底，工商银行通过市场化方式处置了不良资产，财务重组工作基本完成；10月28日，中国工商银行股份有限公司正式成立，财政部、汇金公司作为两家发起股东，各持有50%的股份。工商银行完善公司治理、强化内部控制等股份制改革工作在注资后全面推开。

2005年以来，中国银行、建设银行、工商银行三家试点银行在完善公司治理、加强内控机制和风险管理制度建设等方面取得明显成效。一是明确了试点银行国有资本产权主体。财政部和汇金公司认真履行出资人的职责，依法向试点银行派出了董事、监事，开始在国有商业银行公司治理中发挥实质性作用。二是建立了公司治理结构的基本框架。按照现代金融企业制度要求，试点银行股东会、董事会、监事会和管理层之间各司其职、有效制衡、协调运作的机制逐步形成，公司治理机制开始发挥效用。三是加强了内部控制和风险管理建设。三家试点银行加快推进包括数据大集中、内部评级等内控和风险防范项目建设，对审计、资产保全、授信等内控体制进行垂直化改造，积极推动风险管理体制改革，初步形成相对独立的内控体系和较为完善的风险防范体制。四是加大了内部整合力度，加强改革，上下联动。在总行层面改革基本完成的基础上，三家试点银行向各自的分支机构下发了各项改革细化分解方案，对分支机构实行组织架构改革和业务管理流程改造，把工作重点不断向下推进。五是健全问责制，加大责任追究力度。结合处置不良资产工作，试点银行建立健全了问责制，严肃追究了一批违法违规经营人员的责任，切实减少损失、防范道德风险。同时，引进了高级管理人才，加强了队伍建设。六是在保持国家绝对控制权的前提下，按照互利共赢的原则，引入战略投资者，开展管理、技术和业务等方面的合作，以改善试点银行的公司治理结构和提升经营管理水平。七是积极推动金融创新，提高服务水平。试点银行稳步探索和推进综合经营，采取了多种措施提高业务竞争和服务能力，如工商银行、建设银行在 2005 年成为商业银行设立基金管理公司试点银行，并与国际上知名机构成立了中外合资的基金管理公司，分别成功发行了第一只基金产品，发行规模分别达 48. 75 亿元和 62. 54 亿元。八是公开发行上市圆满成功，国有资产保值增值效果显著。建设银行以每股 2. 35 港元在香港联交所发行 305 亿股新股，筹资金额为 715. 8 亿港元（折合 92. 3 亿美元）。其发行价格、市净率、市盈率达到甚至超过国际同类银行股发行时的平均水平，是我国企业规模最大的首次公开发行，也是全球银行业有史以来最大的首次公开发行。汇金公司等发起人股东所持建设银行股份在上市时全部转为 H 股，建设银行成为第一家全流通 H 股方式上市的中国公司，其国有股东资产增值巨大。

经过改革，三家试点银行 2005 年的资本充足率、资产质量和盈利能力等财务指标较改制前有显著进步，财务状况呈现较强的可持续性。从资本充足率看，截至 2005 年底，中国银行、建设银行、工商银行分别为 10. 42%、13. 57% 和 9. 89%，均超过了《巴塞尔新资本协议》资本充足率要求；从资产质量上看，三家试点银行的不良贷款比例分别降到 5. 41%、3. 84% 和 4. 69%，不良贷款拨备覆盖率分别为 81. 07%、64. 33% 和 101. 23%，大额风险集中度分别为 3. 31%、6. 9% 和 5. 48%，基本符合监管要求；从盈利能力来看，三家试点银行的总资产净回报率分别为 0. 70%、1. 11% 和 0. 59%，接近国际先进银行的水平。

国有商业银行的股份制改革，显著改善了中国金融稳定状况。国有商业银行是中国银行业的主体，2005 年底，其资产规模占银行金融机构资产总规模的 52. 5%，国有商业银行的发展状况对中国金融稳定具有重大影响。通过财务重组，国有商业银行不良资产比例大幅下降、不良贷款拨备覆盖率快速提高、资本充足率达到国际标准，基本化解了国有商业银行原有的财务风险。通过公司治理改革，国有商业银行基本建立了现代公司治理的结构和机制，奠定了银行稳健运行的微观主体基础。通过上市，执行高标准的会计标准、监管标准、信息披露制度，增强了对国有商业银行经营风险的监督和市场约束，提高了国有商业银行防范金融风险的能力，提升了国有商业银行的国际竞争力。

专栏2：国际评级机构对中国主权及银行业的评级变迁

资信评级是对个人、经济体与金融工具履行各种经济承诺的能力及可信任程度的综合评价。各家评级机构评级指标及其标识不尽相同，如"高品质"的长期债务等级，标准普尔标识为AA+、AA、AA-，穆迪为Aal、Aa2、Aa3。评级有所谓的"主权上限原则"，即凡是美国以外发行者的证券评级，均以所属国家政府信用等级为上限。在给公司评级时，评级机构主要考虑其偿债能力的因素，但对主权国评级，还需考虑政治、社会、文化等定性因素，如"政治局面的稳定性，社会和经济的凝聚力，与世界经济的整合程度"等。

基于对中国银行业不良贷款过高、公司治理不善可能引发金融危机的担忧，2003年前，国际评级机构对中国银行业的评级极为负面。从2002年底到2003年初，中国国有商业银行的不良资产问题一度成为国外各媒体关注的焦点。国外一些知名的财经杂志和报刊，包括《时代周刊》、《商业周刊》、《经济学家》和《远东经济评论》等，都有重头文章讨论中国的巨额不良资产，他们估计中国国有商业银行的不良贷款比例可能超过50%，并认为居高不下的不良贷款以及政企不分、体制不顺、内部管理混乱等问题将成为引发中国金融危机的"定时炸弹"，中国随时有可能爆发金融危机。2003年11月标准普尔将"中国内地银行全部定为垃圾等级"时，曾引起舆论哗然。

2003年启动的国有商业银行股份制改革取得了举世瞩目的成绩，国际知名评级机构不断调升对改制银行的评级。通过改革，国有商业银行不仅在财务指标上获得极大改善，而且在公司治理、风险控制以及经营模式等方面都取得了长足的进步。许多评级机构纷纷调高改革中的中国银行、工商银行、建设银行、交通银行的评级。2005年9月，标准普尔宣布，基于政府的支持预期、外汇注资和银行改革，同时调升中国银行、工商银行、建设银行、交通银行的信用评级，中国银行、工商银行、建设银行的信用评级从"BBB-"调为"BBB+"，交通银行的信用评级由"BB+"调为"BBB-"。标准普尔特别指出"中国银行、中国建设银行和中国工商银行的评级调整主要反映了这三家银行财务实力和风险管理水平的改善。这三家银行都在筹备首次公开招股，与此同时也在提升本身的风险管理水平。"其后，惠誉、穆迪也先后宣布调升中国银行、建设银行、工商银行的评级。

国有商业银行的股份制改革对中国境内其他银行的声誉产生了溢出效应。一方面，因为预期中国银行业改革会向纵深推进，并改善银行业整体稳健程度和业绩表现，一些评级机构相应调高了某些尚未改革银行的评级。2005年，标准普尔在调高改革银行评级的同时，也调高了农业银行等银行的评级；惠誉也将农业银行支持评级上调至"1"（即国家对农业银行未来支持的可能性为100%）。穆迪公布的《2006年中国银行体系展望》，对中国银行业基本层面保持"稳定"至"正面"的展望。穆迪认为中国银行业继续保持积极的前进动力。

另一方面，基于中国金融业改革所取得的成就，许多评级机构提升了整个中国主权信用评级。2005年，标准普尔宣布，鉴于中国政府对金融业的积极改革以及国有企业利润率的提升，正式调升中国主权信用评级；惠誉公司发表声明宣称，将中国的长期外币评级由"A-"上调至"A"，为惠誉评级体系中第六高的等级，这使中国的外币评级与智利、希腊和韩国处于同一水平。2006年7月标准普尔再一次作出调整，将中国长期主权评级从"A-"上调至"A"。标准普尔认为中国一直在努力强化银行体系，以减轻未来的财政负担，同时持之以恒的市场化和经济改革带来了很好的经济增长前景。

（二）股份制商业银行继续保持快速发展态势

2005年，股份制商业银行通过改革重组、补充资本金、引进境外战略投资者，不断完善公司治理和加强内控制度建设，继续保持快速发展态势。截至2005年末，12家股份制商业银行资产总额58 125.2亿元，较上年底增长23.7%，负债总额56 044.3亿元，较上年底增长23.5%；不良贷款率4.22%，较上年底下降0.74个百分点；准备金余额897.73亿元；平均资本充足率7.42%，较上年提高0.83个百分点；全年实现利润445.56亿元，较上年增长

38.67%。

交通银行股份制改革初见成效，股权结构渐趋合理，公司治理逐步完善，主要财务指标达到国内同业先进水平。2005 年 6 月 23 日，交通银行股票在香港联合交易所成功上市。

（三）农村信用社改革取得明显成效

经国务院批准，2003 年，吉林、山东、江西、浙江、江苏、陕西、贵州、重庆 8 省（直辖市）率先进行了农村信用社改革试点，2004 年进一步扩大至北京、天津、河北等 21 个省（自治区、直辖市）。2005 年，农村信用社改革试点工作进一步深化，各项业务平稳发展，经营状况明显好转，资产质量和支农服务能力大幅提高。

一是农村信用社改革试点工作在全国 29 个省（自治区、直辖市）全面推开，各项工作进展顺利，改革成效显著。

二是中央和地方的政策扶持使农村信用社在消化包袱、化解风险方面取得了积极进展。截至 2005 年末，全国农村合作金融机构不良贷款余额 3 255 亿元，比上年底下降 1 259 亿元，比改革前的 2002 年末下降 1 892 亿元；不良贷款率为 14.8%，比上年底下降 8.3 个百分点，比 2002 年末下降 22.1 个百分点。

三是农村信用社资产质量大幅提高，盈利能力有所增强。截至 2005 年末，全国农村信用社共有法人机构 27 036 家（比上年末减少 5 818 家），资产总额 27 716.12 亿元，负债总额 26 579.11 亿元。平均资本充足率为 8.97%，全年账面盈利 107.90 亿元，比上年同期增加 51.96 亿元。

四是对机构进行整合并试点组建农村银行类机构，在产权制度和经营机制上迈出了新的步伐。试点了股份制、股份合作制等新的产权模式，试点组建了农村商业银行和农村合作银行及以县（市）为单位的统一法人机构等新的产权组织形式。截至 2005 年末，全国共组建农村银行类机构 72 家，其中农村商业银行 12 家，农村合作银行 60 家，另有 9 家农村合作银行机构获准筹建；组建以县（市）为单位统一法人机构 519 家。

五是在管理体制上进行了积极探索，将农村信用社的具体经营和风险管理移交省级政府。截至 2005 年末，全国已有 25 个省（自治区、直辖市）的省级联社相继成立。

通过改革，农村信用社支农服务能力大幅提高，支农信贷投入明显增加，支农服务进一步改善。全国农村合作金融机构农业贷款余额 10 071 亿元，比 2002 年末增加 4 492 亿元，增长 80.5%。其中，农户贷款 7 983 亿元，占农业贷款余额的 79.3%，比 2002 年末增加了 3 746 亿元，增长 88.4%，共支持了

7 000 多万农户，约占全国农户的 32%。

（四）邮政储蓄改革正式启动

2005 年 8 月，中国政府启动了邮政体制改革，其中一个重要的内容就是改革邮政储蓄管理体制，实现邮政金融业务规范化经营。目前，有关方面已根据邮政体制改革方案的总体部署，稳步推进邮政储蓄改革。

改变邮政储蓄资金全额转存中央银行模式。在有关部门的指导下，逐步推动邮政储蓄资金自主运用，实现平稳过渡。以 2003 年 8 月 1 日为界，邮政储蓄在中央银行的原有转存款在 2005 年 8 月 1 日前维持现行政策不变，同时邮政储蓄新增存款由邮政储蓄机构自主运用。自 2005 年 8 月 1 日起，邮政储蓄机构在中央银行的原有转存款分 5 年逐步转出。截至 2006 年 3 月 21 日，邮政储蓄机构老转存款已转出三次，累计转出金额近 622 亿元，转出过程平稳有序，没有对邮政储蓄机构的经营产生大的影响。

逐步扩大邮政储蓄资金的自主运用范围。随着老转存款的逐步转出，邮政储蓄机构的资金自主运用能力逐步提高。邮政储蓄机构结合农村金融改革，探索开展小额质押贷款，加大为“三农”服务的力度。2005 年 12 月，中国银监会批准邮政储蓄在陕西、福建、湖北三省开办主要面向农村农户资金需求的定期存单小额质押贷款的试点。

（五）城市商业银行继续保持良好发展势头

截至 2005 年末，115 家城市商业银行资产总额 20 366.9 亿元，比上年末增长 19.4%；负债总额 19 540.2 亿元，比上年末增长 18.6%；不良贷款率 7.73%，比上年末下降了 3.96%；所有者权益合计 826.7 亿元，比上年末增长 43.58%；加权平均资本充足率 5.13%，比上年末提高 3.82 个百分点；全年实现账面利润 120.73 亿元，比上年增长 38.12%。

近年来，城市商业银行在为城市居民提供金融服务、满足中小企业融资需求、推动地方经济建设等方面发挥了积极作用。2005 年，城市商业银行继续发挥经营机制灵活、机构网点较多的体制优势，注重风险防范，加强经营管理，推进改革创新，实施联合重组，积极探索新形势下的发展道路，各项工作取得明显成效。在内部管理方面，一些城市商业银行试行了规范的公司治理结构，并在引进境外战略投资者和国外先进银行管理技术方面进行了有益的尝试。在联合重组方面，一些城市商业银行进行了积极的探索。目前，全国已有 7 省（直辖市）共计 40 余家城市商业银行及城市信用社拟进行合并组建新银行。在风险处置方面，城市商业银行相继开展了以资产剥离和置换、增资扩股、完善公司治理、健全内控机制为主要内容的综合治理工作，取得一定成效，并逐步完善了风险监测预警体系，积极探索各种有效的市场化处置方式。经过一年来的改革发展，一些城市商业银行的资本充足率和流动性比率等指标有所改善，整体竞争能力进一步提升。

（六）城市信用社整改取得一定成效

2005 年，有关部门会同地方政府，继续推进城市信用社整改工作，深化城市信用社改革，完善市场退出机制。目前，已经整顿城市信用社的规范改造、未经整顿城市信用社的分类处置和实施停业整顿城市信用社的市场退出等各项工作均取得一定成效。2005 年，通过分类处置减少城市信用社 82 家。其中，通过组建城市商业银行减少 14 家，通过合并重组单一法人社减少 9 家，通过更名改制为农村信用社减少 2 家，由商业银行及单一法人社收购或吸收 35 家，停业整顿社退出市场 21 家，撤销 1 家。

截至 2005 年末，全国共有城市信用社法人机构 599 家，另有已撤销尚未退出市场的 111 家。599 家中处于营运状态的有 328 家（含整顿后运营的单一法人社和保留社 66 家、尚未经整顿的待处置社 262 家），已经停业整顿尚未退出市场的有 271 家。66 家单一法人社和保留社账面资产总额 1 432. 95 亿元，负债总额 1 381. 96 亿元，其中储蓄存款余额 577. 57 亿元；账面所有者权益 50. 98 亿元，实际所有者权益为 29. 57 亿元，实际资本充足率为 3. 72%，全年实现税后利润 6. 53 亿元。262 家待处置社账面资产总额 432. 51 亿元，负债总额 459. 45 亿元，其中储蓄存款余额 303. 83 亿元。

（七）政策性银行继续保持平稳运行态势

2005 年，三家政策性银行继续贯彻国家产业政策、对外经贸政策和宏观调控政策，在推动经济结构战略性调整、缓解经济发展“瓶颈”制约、保护和加强农业基础地位、促进农业和农村经济的发展、提高中国企业和出口商品的国际竞争力、加快开放型经济的发展等方面继续发挥重要作用。截至 2005 年底，三家政策性银行资产总额 2. 93 万亿元，比上年增长 5 160. 8 亿元，同比增长 21. 4%。全年实现账面利润 274. 06 亿元，比上年多盈利 143. 15 亿元。目前，三家政策性银行正在加强内部改革和风险控制，提高资产质量。同时，有关部门正在按照国务院的统一部署积极研究三家政策性银行下一步的改革方案。

（八）金融资产管理公司继续发挥专业化处置优势

2005 年，四家金融资产管理公司运用国家赋予的政策和手段，通过多种方式对不良资产进行专业化和市场化处置，在化解金融风险、推动银行和国企改革、维护社会信用秩序、保全国有资产等方面继续发挥积极作用。2005 年，四家金融资产管理公司资产处置和经营情况良好：一是政策性债权资产处置进入收尾阶段。截至 2005 年末，四家金融资产管理公司累计阶段性处置政策性剥离资产 8 397.5 亿元（不含政策性债转股股权余额），比上年末增加 1 646.9 亿元；累计回收现金 1 766 亿元，比上年末增加 396 亿元，总体现金回收率为 21.03%。二是商业化收购和处置业务全面展开。继 2004 年收购中国银行、建设银行、交通银行不良贷款后，2005 年，四家金融资产管理公司再次竞标收购工商银行可疑类贷款共计 4 590 亿元。此外，四家金融资产管理公司还自主进行了一些小规模商业性收购试点，如中国华融资产管理公司收购招商银行 4 亿元不良贷款，中国长城资产管理公司收购华夏银行 2 亿元不良贷款，中国信达资产管理公司收购上海银行 30 亿元不良贷款。截至 2005 年末，四家金融资产管理公司按商业原则累计从商业银行收购不良资产 8 060 亿元，已处置 206.4 亿元，回收现金 140.5 亿元（不含信达公司向东方公司整体出售的建设银行可疑类资产包）。三是托管清算业务发展迅速。继续进行“德隆系”整体风险处置，华融公司托管了“德隆系”部分高风险金融租赁公司、信托投资公司和证券公司。中国东方资产管理公司和中国信达资产管理公司托管了部分高风险证券公司和租赁公司。目前，有关部门正在积极研究四家资产管理公司下一步的改革方案。

三、银行业发展需关注的方面及改革措施

2005 年，国有商业银行改革取得显著成效，银行业主要金融风险基本得到化解，但需关注的问题仍然较多，如国有商业银行股份制改革的长期性、复杂性和艰巨性，中小银行业金融机构风险防范和化解，城乡金融发展的失衡及农村金融体制深层次矛盾；外部环境对银行业发展的影响也越来越广泛，银行业面临的信用风险、市场风险、操作风险等方面的问题不容忽视。这些都是制约银行业健康发展的主要因素。今后一个时期，银行业要依据《中华人民共和国国民经济和社会发展第十一个五年规划纲要》对加快金融体制改革所提出的具体目标，针对金融业履行加入世界贸易组织承诺后国际竞争不断加剧的局面以及我国社会主义市场经济体制改革中银行业面临的新形势与新挑战，继续坚持“市场导向、协调发展、内外兼修”的总体思路，以建立“资本充足、内控严密、运营安全、服务和效益良好”的现代金融企业为目标，围绕“改革和创新”这一主题，继续深化银行业改革，不断开拓创新，促进银行业健康发展。

（一）深化国有商业银行股份制改革

国有商业银行改革具有长期性、复杂性和艰巨性。通过股份制改造，试点银行财务状况和公司治理取得了较大改善，但这种改善只是初步的、阶段性的。从银行内部看，国有商业银行的公司治理结构、经营机制和增长方式、风险防范机制与国际先进银行相比还有差距。从银行外部环境看，目前我国正处在完善社会主义市场经济体制的重要阶段，国民经济和产业结构在不断调整，国有企业也在转轨和改制之中，与市场经济相适应的金融法制建设尚待完善，社会诚信体系建设刚刚起步，金融税收制度改革仍有待推进。这些因素都会影响到国有商业银行的资产质量、财务状况以及未来的改革和发展。

当前，国有商业银行改革处于关键时期，必须紧紧抓住当前经济形势比较好的有利时机，坚定不移地把改革推向深入。继续推进中国银行、建设银行、工商银行按照现代商业银行的要求完善公司治理，切实树立股东价值和稳健经营理念；始终抓住转换经营机制、强化内部控制、防范风险这条主线，防止不良资产反弹和经营效益下滑；继续推进分支机构改革，增强内部改革的联动性，确保新体制、新机制在全系统的有效运行；全面落实科学发展观，稳步推进金融业综合经营试点，促进发展模式和增长方式的转变，不断提高服务国民经济发展的能力和效率。进一步发挥资本市场的监督、促进和约束作用，促进试点银行加强信息披露工作，提高透明度，树立国家控股的公众银行的良好形象。积极推动国有商业银行财税体制、激励机制等其他配套政策的改革和完善，探索适合中国国情的金融类国有资本管理模式，不断优化国有商业银行外部运行环境。加快推进农业银行改革，结合社会主义新农村建设和农村金融改革总体规划，进一步研究论证农业银行改革方案。

专栏3：金融类企业国有资本管理的国际经验

近年来，中国国有金融企业改革取得了重大进展，尤其是中国银行、建设银行、工商银行三家国有商业银行先后进行了股份制改革。国有金融企业改制上市后，公司股权结构呈现多元化，公司治理架构、上市后市场纪律约束等新形势对国有出资人的职能及其履职方式提出了新的要求。如何建立和完善中国金融类企业国有资本管理体制成为各界关注的一个重要课题。最近一些专家学者对新加坡、俄罗斯、印度等国金融类企业国有资本管理的经验进行了研究。

金融类企业国有资本管理是指国家作为终极所有者，委托特定机构行使对金融企业的出资人职能。从各国情况看，金融类企业国有资本管理制度可以分为两种：一种是两层次的委托管理模式，即国家——政府部门——金融企业，政府部门主要包括财政部、中央银行；另一种是三层次的委托管理模式，即国家——政府部门——金融控股公司——金融企业，政府部门既有具体行政部门如财政部、中央银行，也有非具体行政部门，如国家设立专门委员会或在金融控股公司设立特殊董事会。此外，一些国家在特殊时期还有一些特殊的制度安排。

从国外经验看，各国金融类企业国有资本管理的制度构架与该国政治、经济体制及其发展密切相关，但也存在一些共同的特点。

一是国家对金融和非金融国有企业分别行使所有权，以避免金融企业和非金融企业之间的关联关系。如瑞典34家非金融国有企业的所有权由工业部下属的国有企业局行使，国有金融企业的所有权由财政部行使；印度则由国有企业管理局代表国家对非金融国有企业行使所有权，由中央银行代表国家对国有金融企业行使所有权。

二是在所有者职能和公共管理职能之间建立起有效的“防火墙”，以市场化的方式行使股权管理已成为国际趋势。为了管理机构能更好地履行职责，许多国家通过更市场化的制度安排来避免所有者职能和公共财政等政府管理职能之间的矛盾和冲突。第一，按照市场化原则建立委托—代理机制，有效促进国有金融企业形成良好的公司治理机制。第二，主要通过股东大会和对董事会的任命来寻求国有股东的权利。第三，对国有金融企业的经营绩效和国有资本的利用情况进行公开评估和有效监督。第四，通过控股公司以市场化的方式行使对金融类企业国有资本股权的管理。一些国家设立金融控股公司来履行出资人职能，组织精干高效，人员少且专业，工作重点在于监督国有金融企业董事会的任命、运作和发展。

三是国家对国有金融企业实行公司化改造，形成多元化股权结构。除少数政策性金融企业国家以全资形式介入外，国外一般将多数国有金融企业改组为股份公司或有限责任公司，以控股或参股形式进行介入。20世纪80年代以来，许多国家通过股份制改造，促进了国有金融企业股权结构的多元化。

四是国家通过控股公司对国有金融企业实行商业化管理，设定明确的经营目标。资本回报最大化是国有资本所有者的最终利益所在，因此，资本回报最大化往往是国有金融企业经营的主要的或是唯一的目标。虽然国有金融企业的经营目标有时不排除某些社会目标，但国家对这些社会目标一般通过适当的商业或行政法规作出明确界定，国有金融企业不因过多承担社会目标而减少国家股东的股权价值。

（二）继续推进中小股份制商业银行的改革

2005 年，中小股份制商业银行总体发展势头良好，整体素质和核心竞争力明显增强，但发展中的深层次矛盾也逐步显现：公司治理结构有待进一步完善；金融产品不够丰富，同质化现象严重，营销手段比较单一，金融创新和品牌效应不强，竞争能力有待提高；少数中小股份制商业银行经营状况和盈利水平欠佳，抗风险能力不强。整体上看，中小股份制商业银行的综合发展能力尚有待提升。

今后一个时期，要从强化资本约束、完善公司治理、转换经营机制、加强内部管理、改善盈利模式、防范化解风险等方面入手，继续推进股份制商业银行的改革和发展，积极开展金融创新，将中小股份制商业银行建成具有较好的公司治理、稳健的财务表现、良好的可持续发展能力、优质的客户服务和品牌的现代商业银行。一是继续完善公司治理和内控制度建设，不断健全股东大会、董事会、监事会和经理班子治理架构，使决策、监督和执行分工明确，相互制约、相互监督。加强对高级管理人员和普通员工的约束，建立相应的正向激励机制。在完善公司治理结构的基础上，既要加强内部控制和内部授权授信管理，充分发挥内部审计、内部合规性检查的作用，同时又要合理发挥外部审计的作用。二是进一步牢固树立面向市场、以客户为中心的经营意识，提高综合服务水平和盈利能力。以加强监管为前提，以规范管理为基础，科学规划、统一布局，努力营造有利于金融创新的外部环境，积极支持和引导中小股份制商业银行从体制、机制和流程再造等多方面入手，加强制度创新、体制创新和业务创新，不断提高中小股份制商业银行服务水平，全面增强其盈利能力和核心竞争力。三是在积极开展创新业务的同时，加强风险防范与风险处置、运用多种手段降低不良贷款。进一步强化审慎经营理念，采用国际通行的审慎会计制度、风险拨备制度和损失核销制度，不断提高资产质量、降低不良资产比率，提高经营的稳健性。四是对个别有问题的中小股份制银行要加快改革重组步伐，促进其稳健经营。

（三）深化农村信用社改革，完善农村金融体制

2005 年，农村金融改革取得了显著成效，但随着改革进程的不断推进，一些根本性问题也逐步显现。一是农村信用社改革试点虽然取得了阶段性成果，但改革仍需进一步深化，农村信用社的财务可持续发展能力需高度关注，同时，部分省级联社职责边界不够清晰，部分联社存在管理越位、串位和缺位并存的问题，制约新体制的顺利运行；二是农村金融机构公司（法人）治理结构普遍存在严重缺陷，内部管理、内部控制和监督制约机制不健全，制约着农村金融机构的机制转换；三是农村金融机构服务水平较低，管理水平不平衡，服务手段比较落后，制约着农村金融机构竞争力的全面提升；四是大量资金流出农村，金融对“三农”的支持受到诸多限制；五是整体风险状况不容忽视，防范和抵御风险的能力仍较弱，制约着农村金融的可持续发展；六是中国城乡金融的改革进度、风险程度、人员素质、经营环境不平衡在一定程度上影响农村金融稳定。这些问题的存在，决定了农村金融改革的复杂性和艰巨性。从长远看，农村金融改革要着重解决城乡金融体制改革不平衡的矛盾，抓住支持农村经济发展和防范金融系统风险等关键问题，发挥商业性金融机构、政策性金融机构和农村合作金融机构的合力作用，加快农业银行、中国农业发展银行和邮政储蓄改革，继续深化农村信用社改革。

深化农村信用社改革试点应在防范与化解风险、健全管理体制与运行机制、完善法人治理与内控建设、强化支农服务功能和建立风险防范与化解的长效机制等方面做扎实细致的工作：一是继续深化改革，切实做好票据发行兑付工作，严格标准、严格程序、严格执行、提高效率，确保实现“花钱买机制”的改革效果。二是完善农村信用社各项内控制度，促进农村信用社转换机制，充分发挥股东、社员的作用，制定一系列激励有效、约束严格、权责明晰、奖惩分明的内控制度。三是改善农村金融服务，扩大支农效果。继续加大推广农户小额信用贷款的力度，进一步完善农户联保贷款办法，不断探索新的支农服务方式，为农业、农村、农民发展提供更加完善高效的金融服务。四是积极创新监管手段和方法，统一监管标准，实施分类监管，革新监管流程，建立以非现场监管为主导，非现场监管和现场检查适当分离的监管框架，实现全面持续监管。五是进一步摸清风险底数，研究农村信用社整体风险状况、风险迁徙变化及重点风险源，采取有效措施积极防范风险，加大风险处置力度，研究建立风险防范与化解的长效机制。

在深化农村信用社改革的同时，应进一步推进农村金融改革，完善农村金融服务体系，以适应农村经济发展的需要。农村金融改革总的目标是：立足于

服务“三农”和促进城乡协调发展，着力解决“资金投入”和“风险补偿”问题，在机构布局和相关政策上体现因地制宜和分类指导，建设多元化、竞争性的农村金融体系，切实改进农村金融服务。农村金融改革重点是继续深化农村信用社改革，建立农村资金的回流机制，完善农业发展银行运行机制，加大农业银行等商业银行的支农力度，形成政策性金融、商业性金融和合作性金融分工明确、各负其责、共同支持农村经济发展的新格局。

（四）稳步推进邮政储蓄改革

目前，邮政储蓄改革已正式启动。截至2005年末，邮政储蓄存款规模已超过13 000亿元，储蓄市场占有率达9.56%，仅次于4家国有商业银行和农村信用社，邮政储蓄资金自主运用形成的资产已达5 300多亿元。邮政储蓄机构依托邮政普遍服务网络成为我国金融服务体系的重要组成部分。但是，随着我国金融体制改革的不断深化和邮政储蓄业务的快速发展，邮政储蓄现行管理体制已经严重不适应其业务发展和金融专业化管理的要求。为规范邮政储蓄经营行为，防范和化解金融风险，积极创造机制拓宽资金运用渠道，应按照金融体制改革的方向，加快组建邮政储蓄银行，促进邮政储蓄业务持续健康发展。

（五）妥善处置部分中小银行业金融机构风险

2005年以来，我国银行业金融风险整体上呈下降趋势，但部分中小银行业金融机构潜在的风险仍然较大，城市商业银行、城市信用社、信托投资公司风险状况不容乐观。今后一个时期，要继续做好中小银行业金融机构风险防范和化解工作。

一是防范和化解城市商业银行风险，促进其健康发展。目前，部分城市商业银行公司治理尚不完善，资本充足率低，拨备不足，资产质量仍然较差，创新和开发能力不强，业务品种和盈利来源单一，缺乏核心竞争力。今后一个时期，城市商业银行应进一步完善法人治理结构，强化资本约束机制，明确市场定位，加快业务创新。积极推进城市商业银行资本重组，通过多种方式充实资本，提高抵御风险的能力。结合市场需求和自身特点，加快城市商业银行业务创新步伐，按照“立足城市居民、立足中小企业、立足地方”的市场定位，逐步实现“服务城市居民、服务中小企业、促进地方经济发展”的目标。同时，对高风险城市商业银行要予以高度关注，积极探索各种有效的市场化处置模式，完善市场退出机制，防范与化解城市商业银行风险。

二是继续推进城市信用社整改工作。2005年，城市信用社整改工作虽然取得了阶段性成效，但一些长期困扰的问题和困难仍未得到根本解决。已实施停业整顿或被撤销的城市信用社大部分尚未完全退出市场，风险处置任务仍十分艰巨；待处置城市信用社分类处置工作进展缓慢；少数整顿后运营的城市信用社仍存在潜在风险。今后一个时期，需继续推进城市信用社整改工作。第一，进一步完善风险分类标准，强化分类监管，引导整顿后运营的城市信用社实现持续、稳定、健康发展；第二，鼓励商业银行按照市场化原则对现有城市信用社进行收购、兼并和重组，积极推进待处置城市信用社的分类处置工作；第三，鼓励各地根据当地实际情况，在现行法律法规框架内，通过多种方式实现被停业整顿或被撤销城市信用社平稳退出市场；第四，继续认真做好风险排查和案件专项治理工作，防范和化解可能发生的各类风险。

三是继续推进信托投资公司清理整顿。2005 年，信托业经营业绩有所改善，但信托投资公司整体盈利能力仍有待进一步提高。部分信托投资公司赔偿准备金提取不足，少数信托投资公司违法违规经营，比如开展保底委托理财业务、挪用客户理财资金等，经营风险仍需高度关注，另外，部分已停业整顿或被撤销的信托投资公司尚未完全退出市场，风险处置任务依然十分艰巨。今后一个时期，要继续推进信托投资公司清理整顿工作，促进信托投资公司健康发展。对于少数高风险信托投资公司，依法采取各种有效措施，妥善处置风险。

（六）研究政策性银行的定位和改革方案

政策性银行成立以来，根据国家政策需要，充分发挥政策性银行职能，为国民经济发展作出了重要贡献。政策性银行的成功运营还为国有商业银行的改革创造了较为宽松的环境。目前，我国政策性银行的发展进入一个新阶段，政策性银行的业务范围不断扩大，传统的政策性金融服务领域收缩，市场化经营趋势增强。为适应社会主义市场经济建设和新时期国家发展战略要求，需结合农村金融体制改革、粮食流通体制改革、投融资体制改革和加入世界贸易组织后的新形势，对政策性银行的职能定位与发展方向进行转型调整和改革。改变依靠财政补贴的传统政策性银行定位，转变成符合市场经济需要的、财务上可持续的、具有一定竞争性的开发性金融机构。为达到这一目标，一是建立现代企业制度，实现各政策性银行自身的可持续发展。二是一行一策，针对各行的不同情况，分别制定改革方案，有目的、有步骤、分阶段实施。三是建立开发性金融机构管理模式，实行国家指定项目和自主经营的开发性项目分账管理、专项核算。

（七）进一步完善金融资产管理公司运行机制

金融资产管理公司几年来在资产处置方面取得了显著成效，但面临的困难和问题仍然不少，既有公司发展定位的问题，也有法人治理结构和经营机制不健全的问题，还有外部环境不配套的问题，主要体现在以下几个方面：一是公司设立之初的目标定位难以适应新形势下金融改革发展的需要，可否持续经营仍需进一步明确。二是国有独资的产权结构在一定程度上限制了业务拓展和战略投资者的进入，也不利于不良资产处置能力的提高。三是管理模式机关化、组织架构行政区域化，不利于实行商业化、市场化的经营运作和绩效考核。四是《金融资产管理公司条例》作为一部行政性法规，受立法层次所限，无法解决部分金融资产管理公司业务手段与现有法律之间的冲突问题，也无法赋予金融资产管理公司特殊的法律地位和经营权限，致使金融资产管理公司在面对行政干预、执法环境不利等问题时往往无能为力。五是社会信用环境不完善，一些企业恶意逃废金融债务，加大了金融资产管理公司的工作难度。

今后一个时期，金融资产管理公司应加快改革步伐，进一步完善运行机制。一是通过深化体制改革、完善运行机制、完备业务功能，最终发展成为以不良资产处置为主业、具有投资银行功能和资产经营管理功能的综合性金融资产管理公司。二是建立、健全适应市场化运作要求的法人治理结构和运行机制。积极创造条件，推进金融资产管理公司的股份制改造，完善法人治理结构。尽快研究制定股权资产处置考核目标，锁定全部政策性业务的损失，出台政策性业务损失的承担和核销办法，并尽快改革资产管理公司财务核算体系，实现由收购资产账面价值核算向资产处置目标回收率转变，为金融资产管理公司清理其资产负债表、损益表创造条件。三是进一步完善外部监管。借鉴国际经验，逐步建立一套规范统一的监管内容和控制标准，进一步提高监管效率。

（八）全面推动银行业金融创新，巩固银行业改革成果，提升银行业国际竞争力

2005 年，国民经济继续保持较快增长，工业生产、固定资产投资、市场销售和进出口增速均有所加快，居民消费价格和工业品出厂价格保持基本稳定。但国民经济运行中仍存在着一些突出问题，如投资增长过快、部分行业产能过剩、能源和原材料价格不断上升、国际收支失衡加剧等。宏观经济因素与当前金融体制历史遗留问题交织在一起，使银行业运行面临更为复杂的外部环境，加大了银行业金融机构面临的风险。一是可能面临投资过快增长、部分行业产能过剩、房地产政策调控及能源、原材料价格上升带来的信用风险；二是面临人民币汇率波动、商业银行避险工具单一以及利率市场化带来的市场风险；三是银行业金融机构案件仍时有发生，操作风险不容忽视。

下一步，要全面推动银行业金融创新，巩固银行业改革成果，提升银行业

国际竞争力。第一，支持商业银行创新服务方式，提高服务水平。积极鼓励商业银行针对不同层次客户提供各具特色的服务，以满足各类消费者的金融需求。第二，鼓励商业银行拓宽业务领域，开展综合化经营试点。银行综合经营在我国已经存在，目前主要表现为银证、银保等业务领域的交叉销售。下一阶段，要积极支持商业银行拓展业务领域，及时研究商业银行开展综合化经营的总体思路，选择有条件的银行开展综合经营试点。第三，稳妥推进商业银行投资设立基金管理公司。经国务院批准，工商银行、建设银行和交通银行开展了通过直接投资方式设立基金管理公司的试点工作。下一阶段，商业银行要按照“法人分业”的原则，建立健全与其所设基金管理公司之间的风险隔离、关联交易制度，防范风险在金融市场不同领域间的传递。同时，要加强监管协作和信息沟通，防止出现监管缺位、错位和越位。第四，加强对资产证券化试点工作的专业化监管。经国务院批准，2005 年，国家开发银行和建设银行开展了资产证券化试点工作。下一阶段，要继续加强对商业银行信贷资产证券化试点工作的监管，以监管手段引导行业规范发展，促进和完善专业市场行为。第五，鼓励商业银行自主开展人民币衍生产品业务。衍生产品是银行中间业务的重要组成部分。为提高人民币增值业务比重，下一阶段，要鼓励商业银行自主开展人民币衍生产品业务，逐步提高自主开展人民币衍生产品业务的能力。

（执笔：肖玉萍、陈建新、欧阳昌民、林文顺）

第四章

证券业

2005 年，上市公司股权分置改革顺利推进，证券公司综合治理全面展开，证券市场的历史遗留问题逐步得到解决，新的市场结构和运行机制开始形成，投资者信心逐渐恢复。

一、证券业运行状况

市场基本稳定，境内筹资下降较多。2005 年底，沪、深两市上市公司 1 381家，新增 16 家，退市 11 家；总市值和流通市值分别为 3.2 万亿元和 1.1 万亿元，比 2004 年分别下降 12.49% 和 9.05%。由于从 2005 年 5 月起暂停股票融资，当年沪、深两市股票筹资 338.1 亿元，比 2004 年下降 58.7%。

证券业资产总额略有增长，证券投资基金规模增长迅速。2005 年底，中国证券业总资产 8 011 亿元，比 2004 年增加 1 164 亿元，增幅为 17%。其中，证券公司共有 115 家，比 2004 年减少 13 家，证券公司总资产 3 070 亿元，比 2004 年减少 224 亿元；基金管理公司 53 家，管理的证券投资基金共有 218 只，分别比 2004 年增加 10 家和 57 只，相应地，基金规模达到 4 741 亿份，比 2004 年增加 1 307 亿份，增幅为 38.1%；期货经纪公司 183 家，资产总额为 200 亿元，比 2004 年减少了 19 亿元。

机构投资者投资规模增长迅速，投资者结构更趋合理。除证券投资基金外，合格境外机构投资者（QFII）、社保基金、保险公司等其他机构投资者也得到长足的发展。2005 年新增 QFII 5 家，新增外汇投资额度 14.95 亿美元。截至 2005 年底，共有 32 家 QFII 获批，额度总额 54.95 亿美元，QFII 共持有证券资产近 300 亿元，占其总资产的 90%。全国社保基金持有股票资产市值 205.2 亿元，较 2004 年底增长了 65%。保险资金已间接入市 1 060 亿元，比 2004 年底增长了 57%；直接入市资金达 158.88 亿元。

证券产品创新工作开始起步，陆续推出多项新产品、新业务。2005 年，具有金融衍生品特征的权证产品发行了 7 只，交易金额达到 2 188 亿元；创新试点类证券公司作为创新的主体，11 家公司发行 13 只、共计 145 亿元集合理财产品；7 家公司以专项资产管理计划的方式推出了多个以基础设施、市政建设和物业收费为基础的产品；融资融券业务和股指期货产品正在研究推出。

二、证券业改革成效

2005 年，伴随着证券市场的持续调整，市场融资功能弱化，证券市场存在的各种问题充分暴露，风险集中显现。沪、深两市股票指数分别在6月份和7月份达到低点，上证综指一度跌破1 000点（图4－1）。为解决证券市场存在的问题，促进证券市场持续健康发展，有关资本市场的多项改革措施陆续出台，取得了明显的成效。

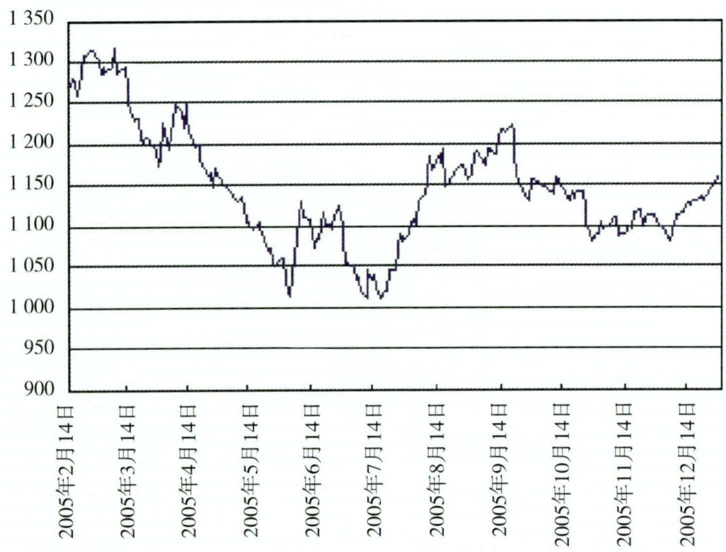

图4－1　上证综指2005年走势图（以收盘价为基础）

数据来源：中国证监会。

（一）股权分置改革稳步推进

中国证券市场脱胎于计划经济体制环境，建立之初就存在股权分置问题，即A股市场中上市公司的股份一部分上市流通，一部分暂不上市流通。截至2004年底，上市公司总股本7 149亿股，其中非流通股份4 543亿股，占上市公司总股本的64%，国有股份在非流通股份中占74%。作为历史遗留的制度性缺陷，股权分置在诸多方面制约中国资本市场的规范发展和国有资产管理体制的根本性变革。而且，这一问题随着新股发行上市不断积累，对资本市场改革开放和稳定发展的不利影响也日益突出。主要表现为扭曲证券市场定价机制、导致公司治理缺乏共同利益基础及不利于深化国有资产管理体制改革等。

为解决股权分置这一长期制约中国资本市场发展的制度“瓶颈”，2005年4月29日，股权分置改革试点工作启动。

试点期间，先后有两批共46家上市公司进行了股权分置改革。股权分置改革的基本原则、操作程序和管理方式逐步明确，为股权分置改革由试点阶段进入积极稳妥推进阶段打下了坚实的基础。

2005年9月中旬，股权分置改革进入全面推进阶段。截至2005年末，已有 421 家公司完成股权分置改革或者进入股权分置改革程序，占上市公司总数的 31%，占沪、深交易所总市值的 35%。

股权分置改革的积极作用已初步显现。市场预期逐渐趋于稳定，股票价格由于流通股本增加的自然除权效应实现理性回归，上市公司的市场约束和股东的共同利益基础得到强化，各类历史遗留问题在股权分置改革的操作中得到一定程度的解决，证券市场改革和创新的空间得到有效拓展。

（二）证券公司综合治理工作全面展开

证券公司作为证券市场的重要中介机构，对证券市场的培育和发展发挥了重要作用。但由于体制、机制上存在的缺陷，证券公司在快速发展的同时，也积累了许多矛盾和问题。针对证券公司存在的问题，2005 年 7 月，证券公司综合治理工作全面启动。

证券公司综合治理工作的基本思路是：紧紧抓住宏观经济良性运行和证券市场深化改革的重要机遇，以加强防范、完善制度、打击违法违规活动为目标，风险处置、日常监管和推进行业发展三管齐下，做到防治结合，以防为主，力争在两年内，基本化解现有风险，初步建立新的机制，有效防范新的风险，为证券公司规范、持续、稳定发展奠定基础。

在国务院统一部署下，有关部门密切配合，采取多种措施，全面推进证券公司综合治理工作。

基本摸清了证券公司的风险底数。证券监管部门采取公司自报、现场核查和年报审计相结合的方式，基本摸清了证券公司整体的风险底数，并严格督促"问题公司"按计划整改，行业普遍性的违法违规行为得到了根本遏制，风险明显化解。截至 2005 年底，证券公司客户证券交易结算资金缺口比 2003 年底下降 61%，挪用经纪客户债券下降 79%，违规委托理财规模下降 70%，账外经营下降 77%。

建立证券投资者保护基金。为改变被处置证券公司个人债权及弥补客户交易结算资金缺口由中国人民银行再贷款偿付可能引发负面影响的局面，中国人民银行、中国证券监督管理委员会（简称中国证监会）等有关部门大力推动建立证券投资者保护制度，构建证券公司风险处置长效机制。2005 年 6 月 30 日，中国证监会、中国人民银行、财政部联合发布了《证券投资者保护基金管理办法》；8 月 30 日，中国证券投资者保护基金有限责任公司（简称投资者保护基金）注册成立。考虑到投资者保护基金成立初期支出大于收入，由中国人民银行安排发放 617 亿元专项再贷款，垫付基金的初始资金，保证了证券公司风险处置的顺利进行。

专栏4：证券投资者保护制度

近年来，我国证券公司多年积累的风险不断暴露，多家证券公司因违规经营被关闭、撤销或行政托管，形成的个人债权及客户交易结算资金缺口由中央银行提供再贷款解决。这种政府主导的金融机构市场退出方式，在维护社会稳定、保护中小投资者利益方面发挥了重要作用，但同时容易引发道德风险，带来一些负面效应。为维护中小投资者利益，防范道德风险，促进行业自律，2005年，以南方证券风险处置为契机，建立了证券投资者保护制度。

2005年8月30日，投资者保护基金注册成立，标志着我国证券公司市场化风险处置长效机制初步建立。投资者保护基金为国有独资公司，其主要职能是按照“取之于市场、用之于市场”的原则筹集资金，根据国家有关政策规定对被处置证券公司债权人予以偿付。考虑到投资者保护基金成立初期支出大于收入，由中国人民银行安排发放617亿元专项再贷款，垫付基金的初始资金，保证了证券公司风险处置的顺利进行。

投资者保护基金自成立以来，积极开展各项工作，参与证券公司风险处置，逐步建立健全各项规章制度，开展投资者教育，在维护社会稳定和保护投资者利益等方面初步发挥作用。

按照《证券投资者保护基金管理办法》的规定，基金的来源主要包括交易所交易经手费、证券公司缴纳基金、申购冻结资金利息以及证券公司破产清算受偿收入等。今后，随着各项工作进一步展开，投资者保护基金应加强基金的筹集、运作和管理，落实保护基金的各项来源，及时定期向证券公司征收基金，建立公开透明的基金运作信息系统，大力开展证券投资者教育，为维护社会稳定、保护投资者利益发挥作用。

继续对高风险证券公司进行全面处置。继2004年处置了7家高风险证券公司之后，2005年有关部门又及时稳妥地处置了13家高风险证券公司。

大力推动证券公司重组。证券公司重组是在特定市场背景下的重大政策措施。2005年，证券公司风险全面显现，如果按照市场化原则，对证券公司特别是一些大型证券公司实施市场退出，在当时的市场环境下，不利于投资者信心恢复和市场稳定。经权衡利弊，最终明确了按照行政指导和市场化相结合的原则，由中国人民银行会同有关部门和地方政府，稳步推进证券公司重组工作。根据拟重组的各证券公司实际情况，以中央汇金投资有限责任公司、中国建银投资有限责任公司（简称中国建投）为重组平台，采取股东注资、提供流动性支持以及引进境外战略投资者等多种方式，先后研究确定了银河证券、申银万国、国泰君安、华夏证券、北京证券等证券公司的重组方案。证券公司的重组，一方面化解了风险，维护了证券市场稳定；另一方面扶持了重组后的证券公司做大做强，为提高民族证券业的国际竞争实力打下了良好的基础。

专栏5：北京证券重组

北京证券有限责任公司（简称北京证券）成立于1997年9月9日，经增资扩股，注册资本增加到15.15亿元。北京证券在全国15个城市设有27家营业部（其中10家位于北京），共有19.4万客户和571名员工。由于自身经营不善，以及证券行业持续低迷，北京证券存在较高的流动性风险，持续经营困难。截至2004年底，北京证券资产总额48.60亿元，负债总额65.36亿元，净资产－16.76亿元，亏损总额31.91亿元。2005年，为化解北京证券风险，决定对其实施重组。具体重组方案如下。

设立新公司。中国建投首先出资14亿元人民币成立一家资产管理公司。然后，中国建投出资10亿元、资产管理公司出资4.9亿元共同注册成立一家新证券公司，各占总股本的67%和33%。

资产处置。资产管理公司溢价出资9.1亿元购买北京证券应收账款等不良资产及其他相关资产，用于弥补北京证券挪用的7.84亿元客户证券交易结算资金及清偿债务。

新证券公司按照市场公允价格，溢价出资4.9亿元购买北京证券部分经营性证券类资产（包括6家证券营业部的席位、办公设备和交易系统等资产，以及投资银行未完结的发行项目和财务顾问项目等）。

股权转让。中国建投将所持新证券公司不超过25%的股权转让给外方。其中将20%的股权以16.98亿元的价格（溢价14亿元）溢价转让给瑞银集团，将不超过5%的股权按每股面值价格转让给国际金融公司。中国建投将所持新证券公司42%的股权按面值价格分别转让给中国粮油（集团）有限公司14%和国家开发投资公司14%，中国建投作为战略投资者持有剩余的14%。

中国建投将资产管理公司的股权按100元的名义价格出售给北京证券的老股东。由于北京证券清算后可能遗留一些或有负债及其他潜在的历史债务，根据外方的出资要求，资产管理公司以所持新证券公司33%的股权对上述债务等提供担保，以确保新证券公司的稳定运行。

分支机构的处置。北京证券现有27家营业部，其中6家营业部按照市场公允价格转让给新证券公司，其余21家营业部由北京证券整体转让给一家信誉良好、运行规范的证券公司，确保员工、客户稳定和业务的正常运行。

北京证券清算关闭。新证券公司开业后，北京证券须清算关闭后注销。中国信达资产管理公司受托成立托管清算组对北京证券实施清算工作。如果清算中无法与债权人达成和解，则申请依法破产。

北京证券重组是中国证券行业深化改革和扩大对外开放的一次尝试。经重组，初步化解了北京证券的风险，维护了社会稳定，但其长远效果有待市场逐步检验。

全面推进行业基础性制度改革。一是大力推进客户证券交易结算资金存管制度改革。根据中国人民银行的要求，对于利用国家公共资金和资源进行重组的证券公司必须率先实现证券客户交易结算资金第三方存管，对于其他证券公司，中国证监会按照《证券法》的要求，也在积极推动，分步实施。目前，首批36家证券公司的第三方存管方案正在制定和实施中。二是规范委托理财业务，对理财账户的交易活动进行实时监控。三是公布《证券公司证券自营业务指引》，进一步健全制度，加大对证券公司自营业务的监管力度。四是制定国债回购“新老划断”的改革方案，改革国债回购交易结算制度，明确债券回购中客户、证券公司和登记结算公司的权限和责任，通过完善制度解决证券公司挪用客户国债问题。

对证券公司进行分类管理，加强监管。按照中国证券业协会公布的创新试点类和规范类证券公司的评审标准和程序，证券公司被分为创新试点类、规范类等不同类别，并进行分类管理。截至2005年底，共有创新试点类公司15家和规范类证券公司15家，两类公司合计30家，超过正常经营公司总数的1/4。这30家公司在达标过程中，清理压缩违规业务，增加公司净资本，纠正股东出资不实问题，完善内部管理和风险控制。2005年，这30家公司净资产占全行业的70%，收入占78%，税收占58%。

2005年综合治理工作成效初显，证券行业积累的风险得到初步化解，普遍性的违法违规行为得到基本遏制，合规守法的经营意识得到强化，监管的手段和方法得以改进，特别是证券业基础性制度建设取得长足进展。上述治理成效为2006年基本完成证券公司综合治理工作，尽快转入良性常规监管，促进整个行业逐步转向长治久安奠定了坚实的基础。

（三）提高上市公司质量工作有序推进

上市公司是资本市场发展的基石，上市公司质量是资本市场投资价值的源泉。提高上市公司质量有利于增强资本市场的吸引力和活力，充分发挥资本市场优化资源配置功能，保护投资者特别是中小投资者的合法权益，促进中国资本市场健康稳定发展。

长期以来，受体制、机制、环境等多种因素的影响，特别是股权分置问题的存在，相当一批上市公司在法人治理结构、规范运作等方面存在一些问题，盈利能力不强，部分上市公司重上市、轻转制，重筹资、轻回报，对投资者回报不高，严重影响了投资者信心，制约了资本市场的可持续发展。

为规范上市公司运作，提高上市公司质量，2005 年，国务院转发中国证监会《关于提高上市公司质量的意见》，全面部署提高上市公司质量各项工作。

完善公司治理结构，提高上市公司经营管理水平和规范运作程度。良好的上市公司治理结构是提高上市公司质量的前提。证券监管部门根据新《公司法》及时修订发布了新的《上市公司章程指引》和《上市公司股东大会规则》，为上市公司完善法人治理结构、提高自身经营管理和规范运作水平奠定了基础。

明确责任和分工，规范上市公司对外担保行为。2005 年 12 月 23 日，中国证监会、中国银监会联合发布《关于规范上市公司对外担保行为的通知》，强调了上市公司对外担保的内部决策程序和信息披露义务，严格规定了银行业金融机构发放由上市公司提供担保的贷款审核要求及责任，明确了各部门在治理上市公司违规担保工作中的分工和监管职责。

密切配合，加大对大股东占用上市公司资金的清理力度。中国证监会与国资委配合，通过多种手段，加大对上市公司大股东特别是国有控股股东占用上市公司资金的清理力度，2005 年共清理占用资金约 100 亿元。经过一年多的努力，促进上市公司规范运作的综合监管体系已经初步建立。

强化监管协作，完善上市公司监督管理机制。为强化上市公司监管，中国证监会根据新《公司法》正在抓紧制定《上市公司监管条例》，积极推进相关配套法规的修订，为广大投资者维护自身权益和上市公司规范运作提供法律保障。进一步健全了证券监督管理机构与公安、司法部门的协作机制，及时将涉嫌犯罪人员移送公安、司法机关，严肃查处违法犯罪行为，增强上市公司监管的威慑力，提高监管的有效性和权威性，切实维护市场和社会稳定。

妥善处置上市公司经营风险，完善上市公司市场退出机制。2005 年，共妥善处置高风险上市公司 36 家。对“格林科尔系”、“鸿仪系”等 20 多个系别涉及的 30 多家上市公司情况逐一排查，通过督促整改、加强信息披露，及时防范和揭示风险。全年有 11 家上市公司平稳退市，初步形成了上市公司优胜劣汰的格局。

总体来看，提高上市公司质量的工作已顺利起步，上市公司综合监管体系正在构建，上市公司监管的有效性得到了提高。

（四）机构投资者持续发展壮大

资本市场的发展离不开投资者的参与。大力发展机构投资者，对于树立市场投资理念、强化外部约束和提高市场效率至关重要。2005 年，证券市场机构投资者不断发展壮大，结构更趋合理，初步形成了投资主体多元化发展格局。

证券投资基金持续发展。截至 2005 年底，共有 218 只证券投资基金正式运作，净值合计 4 691.16 亿元，比 2004 年增加了 1 444.76 亿元，增长 44.50%。同时，证券投资基金的投资范围进一步扩大，包括权证、短期融资券、资产支持证券等金融产品已纳入基金投资组合内；证券投资基金的销售渠道进一步拓展，实现了运用沪、深证券交易所的交易网络开展基金申购、赎回业务。

合格境外机构投资者（QFII）试点工作稳步推进。2005 年新增 QFII 5 家，新增外汇投资额度 14.95 亿美元。截至 2005 年底，共批准 QFII 32 家，批准外汇投资额度 54.95 亿美元，QFII 共持有证券资产近 300 亿元，占其总资产的 90%。为进一步吸引 QFII 投资于国内资本市场，中国证监会与国家外汇管理局进一步完善了 QFII 审批体制，放宽了境外长期资金投资境内市场的锁定期管理。

社保基金、保险资金和企业年金等机构投资者加快了进入证券市场的步伐。截至 2005 年底，全国社保基金持有股票资产市值 205.2 亿元，入市规模较 2004 年底增长了 65%。保险资金已间接入市 1 060 亿元，比 2004 年底增长了 57%；直接入市金额达 158.88 亿元。企业年金入市工作已进入实质性操作阶段。社保基金、保险资金、企业年金及其他养老金的入市，初步改善了中国资本市场中各类机构投资者发展不平衡的状况。

证券投资基金、保险资金、社保基金、企业年金和 QFII 等构成了多元化的机构投资者主体，并且随着投资规模的扩大，它们在市场的影响越来越突出。证券市场的估值能力和定价功能明显增强，证券市场的投资理念发生了积极的变化，这有力地支持了上市公司股权分置改革的顺利推进，维护了证券市场的基本稳定。

（五）证券市场法制建设不断完善

2005 年以来，中国证券法制建设取得重要进展。2005 年 10 月 27 日，《公司法》、《证券法》修订案由第十届全国人大常委会第十八次会议通过，并于 2006 年 1 月 1 日正式实施。

作为证券市场的基础性法律，新《公司法》、《证券法》吸收了证券市场发展的经验和成果，按照市场化原则对有关公司设立、股份转让、证券的发行、上市、交易制度等内容作了全面修改，放宽了制约市场发展与创新的诸多限制，进一步强化了公司董事、监事及高管人员的诚信义务，加强了对上市公司、证券公司及其他市场参与主体的监管。

两法的修订在多个领域取得重大制度性突破。近几年证券公司风险处置的实践表明，有关机构和个人违法违规经营、挪用客户证券交易结算资金，是证券公司风险频发的主要原因之一。针对这一问题，修订后的《证券法》明确规定："证券公司客户的交易结算资金应当存放在商业银行，以每个客户的名义单独立户管理……禁止任何单位或者个人以任何形式挪用客户的交易结算资金和证券。"这为防止客户证券交易结算资金和证券被挪用提供了法律和制度保障。

三、证券业发展需关注的方面及改革措施

目前资本市场的内外环境发生了巨大变化，市场发展正处于关键的转折时期。但应该充分认识到，中国资本市场仍然处于"新兴加转轨"阶段，无论是市场本身还是参与主体，从不成熟走向成熟也将是一个长期的过程，需要对股权分置改革后完善资本市场的长期性、复杂性有清醒的认识。

（一）充分认识资本市场改革的长期性，全面推进综合改革

成熟的资本市场需要具备一系列基础性条件，包括优质的上市公司、健全的公司治理、市场化的定价机制、完善的监管体制、合格的中介机构等。因此，资本市场的发展和完善是一个系统工程。股权分置改革解决了长期困扰资本市场发展的一个制度"瓶颈"，但并不意味着资本市场功能发挥的其他条件也随之完善。

因此，仍需充分重视其他制约资本市场发展的深层次问题，如上市公司结构不合理、定价机制不完善，中介机构缺乏诚信、监管体制不健全等，全面推进资本市场综合改革。

（二）改善上市公司质量，优化上市公司结构

在解决股权分置改革等历史遗留问题后，提高上市公司整体质量成为中国证券市场面临的主要问题之一。2005 年以来，中国推出多项措施促进已上市公司提高公司治理和经营管理，改善存量公司的盈利能力和持续发展能力。但上市公司结构不合理的问题仍然存在。目前优质上市公司的数量较少，上市公司业绩存在两极分化的现象。而且发行上市的基本上属于小型企业，上市公司小型化带来诸多负面效应，如股价波动较大、A 股市场规模较小、股票指数波动较大等。

因此，要通过多种方式吸引优质上市公司在 A 股市场发行上市，逐步改善上市公司结构。一方面推动并购市场制度创新，为上市公司并购重组提供多种市场化的手段和方式，通过收购兼并、资产重组等方式，改善存量上市公司结构；另一方面深化发行制度改革，推动优质企业境内发行上市及境内外同时发行上市，支持 H 股公司在境内发行上市，从增量上促进上市公司结构调整。

（三）完善证券市场定价机制，引导资源合理配置

过去制约 A 股市场定价功能最主要的制度性因素是股权分置问题。股权分置改革完成后，影响 A 股市场的定价机制的其他制约因素仍然存在，如发行体制的不完善，市场化的发行定价机制仍未完全形成；机构投资者发展时间不长，总量还比较小，自身的定价能力和分析能力尚需提高；交易机制单一，缺乏具有价格发现功能的产品等。

股权分置改革完成后，应进一步完善证券发行体制，落实保荐机构等中介责任，规范发行行为，强化市场约束。继续大力发展机构投资者，优化机构投资者结构，提高 QFII、保险资产管理公司等专业投资机构的比例。积极探索交易机制改革，构建适应多种投融资需求和风险管理要求的交易制度安排体系。进一步完善产品结构，适时推出包括股指期货在内的金融衍生产品，同时考虑对需要两地上市的公司推出中国存托凭证（CDR）产品，通过允许跨境套利交易，形成内地和香港之间相互参照的股票定价机制。

专栏6：加强内地和香港证券市场合作，提升中国证券市场的国际竞争力

香港证券市场是中国证券市场的重要组成部分。香港和内地证券市场各有优势：香港市场的优势在于规则透明、监管较有力，投资者比较理性和成熟、对上市公司的市场约束较强，市场定价比较合理，资源配置较有效率，国际投资者众多，可以完成巨额集资等。内地市场优势在于投资者人数众多，投资潜力巨大，上市资源丰富，监管机构贴近监管对象。

当前，加强内地和香港证券市场合作，逐步建立内地和香港证券市场发展的连接，既可利用香港市场促进内地证券市场的改革，又有利于香港的稳定和发展。一是可以为中国企业和投资者提供更多的选择和便利。二是尽快采取多种方式将已在香港以红筹股或者H股上市的中国企业引入A股市场，这有利于改善A股市场结构，提高上市公司整体质量，增加对投资者的吸引力。三是可以发挥香港和内地证券市场各自的优势，实现优势互补。四是有利于提升中国证券市场的整体国际竞争力，使中国证券市场在竞争亚洲金融中心地位的过程中保持领先。

加强内地和香港证券市场合作，有关专家和学者建议可以从以下方面着手：一是采取多种方式，让更多的企业在内地和香港上市交易，增加内地和香港市场的深度和广度。已上市的企业，可以通过增发（H股或者A股）、CDR等方式实现两地上市。二是探索建立沪、深、港互联互通的交易平台，完善市场定价机制。三是建立合格投资者跨市场的投资机制。加快发展QFII和合格境内机构投资者（QDII）等跨市场的机构投资者，在一定范围内实现资金的自由流动，逐步消除两地市场的价差。四是推动监管合作，直接借用香港市场中的监管标准、会计准则等成熟经验，同时发挥内地监管部门了解一手材料的优势。五是推动资本账户的改革。可通过境内外同时IPO上市以及CDR的推出和跨境交易，来推动中国资本账户和外汇管理制度的改革，为中国金融体制的整体改革作出贡献。

（四）继续加强基础性制度建设，推动证券公司持续健康发展

随着证券公司综合治理工作的开展，证券公司风险初步得到化解，但证券公司相关基础性制度建设工作有待进一步加强和落实。修订后的《证券

法》规定了证券公司必须实施客户证券交易结算资金第三方存管制度，目前仅有小部分证券公司正在实施第三方存管方案，大部分证券公司尚未制定或落实相关方案。随着权证、融资融券等新业务的开展，证券公司在信息披露、风险管理和内部控制等方面的制度安排有待进一步完善。在今后较长一段时间内，发展卖方业务、增加盈利渠道也将是证券公司面临的一个主要课题。

为进一步巩固证券公司综合治理的成果，针对新情况和新问题，应继续加强证券业相关基础性制度建设，按照修订后的《证券法》的规定，尽快推动证券公司全面实行客户证券交易结算资金第三方存管制度，建立起有效的客户证券交易结算资金封闭运行管理体系。在控制风险的前提下，建立证券公司可持续发展的制度安排。一方面鼓励证券公司积极创新，建立以卖方业务为核心的盈利模式，增加盈利来源；另一方面要按照净资本监管的要求，强化证券公司从事某项业务必须满足的净资本约束。随着权证、融资融券等一系列新业务的开展，应支持和鼓励证券公司利用资本市场强化信息披露、健全公司治理、完善风险管理，提高自身抗风险能力。

（五）进一步加强监管，提高监管水平和执法效率

目前资本市场发展的“瓶颈”正在逐步得到解决，市场正处于重要发展时期。《证券法》的修订赋予了证券监管更多的手段，也对其提出了更高的要求。随着股权分置改革的基本完成，全流通的市场环境下，内幕交易、市场操纵等违规行为将更具隐蔽性和复杂性，对证券监管提出了新的挑战。

为完善监管方式、提高监管水平，需要进一步完善证券执法机制，充实证券监管手段，强化监管协调机制。加强对证券违法违规的处罚力度，严肃处理违法违规的公司和个人，特别是对证券公司侵占客户资产、证券公司大股东掏空证券公司等犯罪行为，要追究刑事责任，通过加大处罚力度，形成足够的威慑力。同时以贯彻落实《证券法》和《公司法》为契机，推动相关配套法规、规章的制定和修订工作，不断完善证券市场法制建设。

（六）进一步提高对外开放水平，改善证券业服务质量

金融业对外开放是中国改革开放基本国策的重要组成部分。加入世界贸易组织后，中国证券业对外开放也取得了一些成效，但总体对外开放水平仍然偏低，明显滞后于银行业和保险业。

证券公司综合治理工作的顺利进行，使重组后的大型证券公司和已有的几家优秀民族证券机构构成了我国民族证券业的核心主体，在市场份额中占绝对主导地位。在维持我国民族证券机构主导地位的同时，可以考虑在条件成熟时，引进境外战略投资者参股证券公司。通过扩大对外开放，引入资金，特别是先进管理经验，促进证券公司完善公司治理，提高经营管理水平，为企业融资、居民投资提供安全优质的服务，促进中国经济持续、快速、健康发展。

（执笔：李妍、孟辉）

第五章

保险业

2005年，中国保险业整体实力明显增强，风险防范水平进一步提高，服务领域不断拓宽，在促进改革、保障经济、稳定社会、造福人民等方面发挥了重要作用。

一、保险业运行状况

2005年，中国保险业继续保持良好的发展势头，在加快发展、扩大开放、强化监管等方面都取得了新进展。

保险机构不断增加。2005年，中国保险市场主体稳步增加，有22家新的保险公司开业。截至2005年底，保险法人机构达到93家，其中，保险集团和控股公司6家，财产险公司35家，人身险公司42家，再保险公司5家，保险资产管理公司5家。

保费收入稳步增长。2005年，中国保险业实现保费收入4 931.28亿元，比上年增长14%，其中，财产险保费收入1 231.16亿元，寿险保费收入3 246.86亿元，健康和意外险保费收入453.26亿元。

赔款给付有所上升。2005年，保险公司各项赔款与给付为1 136.7亿元，比上年增长13%。其中，财产险赔款支出672.9亿元，寿险给付支出310.8亿元，健康和意外险赔款支出153.1亿元。

资产实力壮大，资金运用收益水平提高。截至2005年底，中国保险公司总资产达15 298.69亿元，比上年增长27.03%。其中，财产险公司总资产1 730.28亿元，寿险公司总资产13 400.87亿元，再保险公司总资产296.87亿元[①]。保险资金运用余额14 100.11亿元。2005年保险资金运用收益率为3.6%，较2004年提高0.73个百分点。

保险中介较快发展。截至2005年底，专业保险中介机构增加到1 887家（处于经营状态的有1 800家），保险兼业代理机构达120 650家，保险营销员有140多万人。2005年，通过保险中介渠道实现的保费收入为3 597亿元，占总保费收入的73%。

对外开放进一步扩大。截至2005年底，中国共有外资保险公司40家。其中，中外合资保险公司23家，外商独资保险公司17家。2005年，外资保险公司共实现保费收入341.2亿元（包括中意人寿保险有限公司的一笔200亿元的中国石油化工集团团险保单），比上年增长304.55%，保费收入的市场份额

① 因财产险、寿险保费与再保险保费重叠计算及财务计算中的并表原因，财产险公司、寿险公司和再保险公司的资产之和大于整个保险公司总资产。

为6.92%，其中，外资寿险公司保费收入为324.4亿元，外资财产险公司保费收入为16.8亿元。

监管制度不断完善。2005年，中国保监会稳步推进保险合同条款、费率管理制度改革及保险精算制度建设，偿付能力监管的约束力明显增强。同时，加大了对车贷险、万能保险、“地下保单”等重点领域的执法检查力度，强化保险市场诚信建设，市场行为监管效果明显。

二、保险业改革成效

2005年，中国保险业拓宽了保险资金运用渠道，在综合经营试点方面进行了有益探索，在服务拓展、结构调整、风险防范机制建设等方面都取得了新进展。

（一）拓宽保险资金运用渠道

2005年，监管机构和有关部门在拓宽保险资金运用渠道方面做了大量工作。2月，中国保险监督管理委员会（简称中国保监会）出台了《关于保险资金股票投资有关问题的通知》、《保险机构投资者股票投资交易有关问题的通知》和《保险机构投资者股票投资登记结算业务指南》，对保险资金投资股票市场的操作问题进行了详细规定，使保险资金直接进入股票市场成为现实。8月，《保险机构投资债券管理暂行办法》的颁布，不仅将保险公司可投资债券的范围拓宽到商业银行金融债、短期融资券、国际开发机构金融债等创新产品，而且调高了保险公司企业债投资比例，由原来占总资产规模的20%提高到30%。9月1日，中国保监会颁布的《保险外汇资金运用暂行办法实施细则》规定，除结构性存款外，保险资金投资领域扩大到住房抵押贷款证券（MBS）、货币市场基金以及中国企业在境外发行的股票等境外金融产品。2005年底，国务院又相继批准保险资金投资基础设施和渤海产业投资基金。

随着资金运用渠道的拓宽，保险公司的投资结构明显改善（表5－1）。这一方面提高了保险资金的运用效率，有利于保险业的健康发展；另一方面进一步打通了保险市场与资本市场的联系，为中国资本市场改革提供支持，促进保险市场、资本市场和货币市场的协调发展。

表 5－1 2005 年保险资金运用结构表

单位：亿元，%

	期末余额	同比增长率	在资金运用余额中占比
银行存款	5 168.88	1.93	36.66
债券	7 424.55	53.82	52.66
国债	3 591.76	37.17	25.47
金融债	1 806.04	75.98	12.81
企业债券	1 206.05	88.52	8.55
次级债	820.70	51.28	5.82
证券投资基金	1 107.15	66.16	7.85
买入返售证券	27.80	－21.48	0.20
股票（股权）	158.88	3 422.59	1.12
其他	212.84	22.08	1.51
合计	14 100.11	30.82	100

数据来源：中国保监会。

（二）综合经营试点工作稳步推进

2005 年，中国保监会及相关部门大力推动保险业综合经营试点工作，一些国内较大的保险公司也积极开展了跨业务、跨行业综合经营试点。

保险公司通过设立子公司的模式来开展跨业务综合经营试点。中国平安保险（集团）股份有限公司（简称中国平安）通过平安寿险、平安财险子公司独立经营财产险和寿险业务；中国人保控股公司（简称中国人保）以合资方式设立了中国人保寿险有限公司，推进了在寿险、健康险、保险经纪等业务领域的综合经营试点。

在跨行业综合经营方面，随着保险业在资本市场投资的不断增多，银行业和保险业的合作也正在由松散的业务联盟发展到资本结盟。中国平安依托其子公司（平安信托、平安证券、平安银行、平安资产管理等）继续探索综合经营。中国人寿保险（集团）公司（简称中国人寿集团）对上市银行（建设银行、中国银行）的股权投资达 50 亿元左右。2005 年 10 月，中国人寿保险股份公司出资 2.5 亿美元认购建设银行股份。中国银行香港上市时，中国人寿保险股份公司及其母公司中国人寿集团共获配售 78 842 万股 H 股。

专栏7：银保合作国际案例

银行保险是在经济全球化和金融自由化的推动下，银行业务与保险业务相互渗透、银行资本和保险资本相互融合的产物，现已成为发达国家银行业和保险业开辟新市场、提高利润率的重要手段。国际上许多大型银行或保险公司都涉足这一领域。

汇丰银行银保合作实现“三赢”

1974年，汇丰银行成立全资附属保险公司——汇丰保险集团（亚太）有限公司（前称Swire Life Assurance Company Limited，嘉丰保险有限公司），以股权为纽带，建立了稳定度较高的银保合作。在经营中，汇丰银行对银保进行合理分工，注重品牌建设，强化服务，加强内部控制，重视风险管理。汇丰银行的银保合作实现了客户、银行和保险的“三赢”：一是客户价值空间得到不断拓展；二是汇丰银行收入结构不断优化；三是汇丰保险市场份额不断提升，获得了较大的成功。

瑞士信贷集团银保合作感受压力

1997年，瑞士信贷集团与丰泰集团（简称丰泰）宣布合并。合并后的瑞信集团一跃成为能够提供商业银行、投资银行和保险服务的综合性金融集团。合并初期的互动效应明显，丰泰的利润大幅增长。但2000年后，受全球经济降温、股市下跌等因素的影响，丰泰在股权投资上产生巨额亏损。再加上丰泰提供了部分有承诺的保底收益产品，更恶化了其财务状况，需要瑞信集团实施后续的资本支持。这些都拖累了瑞信集团整体的财务表现，使其备受压力。

德国安联保险公司银保合作遭受挫折

德国安联保险公司（简称安联）是世界最大的保险业集团之一，德累斯顿银行是德国的第三大银行。2001年，安联以240亿欧元收购了德累斯顿银行的大部分股份，使其总资产达到了1万亿欧元。但随后，由于缺乏银行管理经验、银保业务合作计划受阻等因素，德累斯顿银行非但没有给安联带来经济利益，反而导致其严重亏损。

（三）保险服务深度加强，领域拓宽

2005年，保险业努力深化服务，拓宽服务领域，主要表现在：一是积极推动农业保险试点，全国农业保险保费收入同比增长84.26%，达到7.29亿

元，赔款同比增长94.79%，达到5.58亿元，逐步发挥了其在稳定农民基本生活水平、提高灾后恢复再生产能力和农业防灾、减灾方面的作用。二是开展农村医疗保险工作，参与农民养老保险业务。保险业在8个省（自治区）的68个县（市、区）为农民提供了合作医疗保险服务，涉及农民1 765万人，在18个省（直辖市）的53个县（市、区）开展了征地农民的养老保险服务。三是各地保险公司充分发挥保险的保障和补偿功能，针对经济社会发展过程中出现的新风险，开发了200多个责任保险产品，2005年实现责任保险保费收入45.31亿元，同比增长35.71%，在化解民事纠纷、缓解社会矛盾、维护社会稳定方面起到了重要作用。

（四）发展不平衡状况有所改善，结构逐步优化

2005年，保险业加快结构调整，并取得初步成效。一是业务结构调整加快。财产险公司过于侧重发展车险业务的状况略有改善，非车险占财产险公司保费收入的比重比上年提高2.3个百分点。寿险公司经营理念逐步转变，更加注重业务的内涵价值和长期稳健发展，标准保费快速增长，高于规模保费增速近10个百分点；新单期缴业务比例有所提高，寿险新单期缴保费466.12亿元，同比增长25.78%，占寿险新单保费的20.95%，占比提高1.94个百分点。二是区域发展不平衡状况有所改善。中西部地区发展明显加快。贵州、四川、湖北、陕西、山西五省的增长速度均在17%以上。三是投资结构发生转变。债券投资占整个保险资产投资的比例首次超过银行存款的比例，达到52.3%，保险公司成为债券市场的第二大机构投资者。

（五）保险风险防范机制不断健全

2005年，为提高风险防范能力，中国保监会出台了一系列政策规定：为提高保险公司自身风险防范能力和管理水平，颁布了《关于规范保险公司治理结构的指导意见（试行）》；为科学计量、分析和评估财产险公司偿付能力，提高精算技术，保护被保险人利益，相继发布了《保险公司非寿险业务准备金管理办法（试行）》和《财产保险公司保险条款和保险费率管理办法》；为提高寿险公司科学定价能力和风险管理水平，出台了《中国人寿保险业经验生命表（2000～2003）》，实施了新的生命表。为进一步规范再保险市场，中国保监会颁布了《再保险业务管理规定》；为防范保险资金渠道拓宽后可能出现的风险，提高资金运用的安全性，发布了《关于开展保险资金全托管工作的通知》，引入第三方独立托管制度。同时，作为保险业防范风险的最后一道防线——中国保险保障基金也于2005年开始正式运作。

三、保险业发展需关注的方面及改革措施

经济越发展，社会越进步，保险越重要。当前，中国经济快速发展，人民生活水平不断提高，这为保险业的发展带来了更大的机遇。2005 年，中国保险业总体发展平稳，但在长期积累的一些深层次问题还未得到有效解决的同时，又出现了一些新的需要关注的问题。保险业应进一步加快改革和发展步伐，以适应国民经济发展的要求。

（一）加快保险业发展，为经济发展提供更广泛的服务

近年来，中国保险业发展迅速，“十五”期间保费收入年均增长率达到25%以上，整体实力明显增强，在金融体系中的地位和作用逐步提高。但由于起步晚，基础差，保险业仍处在发展的初级阶段，关键指标远远低于世界平均水平，同其他金融行业相比也有较大差距。2005 年保险深度（保费收入占GDP 的比重）为2.8%，保险密度（人均保费收入）只有379 元，而世界平均保险深度为7.52%，平均保险密度为518.5 美元。保险总资产占金融资产的比例仅在3%左右，远远低于发达国家20%的平均水平。

从国民经济快速发展对保险业的巨大需求，以及保险业在金融体系中应有的地位和作用等方面来看，中国保险业还存在很大的发展空间，应进一步加快发展，为经济发展提供更广泛的服务。在农业保险方面，在提高服务的同时，争取充分发挥中央、地方，保险公司、农户等多方面的积极性，建立多层次、多渠道的农业保险体系。在巨灾保险方面，针对中国自然灾害频繁发生，给人民生命财产造成巨大损失的情况，探索建立在财政支持下的巨灾保险体系。在参与社会保障体系建设方面，保险业应利用保险公司人员多、覆盖面广，拥有风险控制、投资管理等专业技术的优势，积极参与城乡商业养老保险与健康保险的建设，以满足人民群众的保障需求。在责任保险方面，保险业一方面要通过差别费率，引导投保人加强风险管理，减少事故发生概率，另一方面，在事故发生后应及时赔付，将保险纳入事故救助体系，维护社会稳定。

（二）解决寿险业历史利差损问题，加强资产负债管理

目前，中国金融市场上可供保险公司投资的中长期债券较少，无法满足其资产负债匹配的需要，特别是寿险公司存在资产负债不匹配问题。随着保险资金运用渠道的逐步拓宽，保险公司应更加重视资产负债管理，防范市场风险。此外，中国人寿集团历史遗留的利差损问题也需尽快解决。

为尽快解决以上问题，一是有关部门应紧密配合，通过相关配套政策，继续拓宽保险资金运用渠道，提高保险资金运用收益。二是进一步丰富金融市场投资产品，尤其是中长期债券。三是保险公司应加强资产负债管理。在资金运用方面，注重资产与负债的匹配；在产品定价方面，充分考虑利率、汇率等宏观经济变量。

专栏8：寿险公司利差损问题

寿险公司在经营中，以设定利率及其他相关假定为基础进行保单定价，然后将保单卖给投保人，收取保费。寿险公司对收取的部分保费进行资金运用，以赚取的收益给付投保人。当寿险公司资金投资收益率低于保单预定利率时就会产生亏损，即利差损。利差损是寿险公司面对的主要风险之一，它的存在会导致寿险公司准备金不足，进而侵蚀资本金，降低偿付能力，更严重的会引发公司破产。利差损形成的根本原因是寿险公司设计产品时未充分考虑宏观经济变量对其的影响。

关于利差损造成的危害，日本的教训值得借鉴。20 世纪 80 年代，随着日本成为世界上最大的债权国，其经济也出现了泡沫。在这个时期，日本寿险公司争相扩大规模，将保险合同的平均预定利率从 4% 向上大幅提高，至 1985 年，十年期以下新保单的预定利率已高达 6.25%。随着泡沫经济的破灭，日本进入通货紧缩时期，利率大幅下降，直至最终采用零利率政策，资本市场也一蹶不振。20 世纪 90 年代，日本寿险公司陷入了利差损深渊，截至 2000 年 3 月份，日本 15 家大型寿险公司利差损造成的损失估计就已达 1.5 兆日元。1997 年至 2000 年间，日产生命、东邦生命、第百生命三家寿险公司先后受利差损的拖累而宣布破产。日本大型寿险公司的相继破产，直接影响了公众对保险业的信心，掀起了退保狂潮。仅 1997 年 4 至 6 月，日本 44 家寿险公司的个人寿险退保金额就达到 23.7 兆日元，比上一季度增长了 21%，其中大公司的退保率上升到 10%，小公司的退保率甚至高达 70% ~80%，这导致了更多保险公司的破产，并引发了保险业危机。

中国保险业起步晚、经验少，尚处于初级阶段，在发展过程中也遇到了利差损问题。20 世纪 90 年代初，寿险公司主要参照银行存款利率进行定价，预定的保单利率高达 8% 以上，而且签发了大量有效期 20 年甚至更长的保单。由于这些公司在产品定价时，缺乏风险管理的经验和机制，未能充分考虑宏观经济变量的影响，导致保险资金预期收益下降，给自身造成了巨大的资金压力，产生了利差损。

中国寿险公司利差损产生以后，保险业采取了积极有效的措施进行化解。首先，中国保监会下发的《关于调整寿险保单预定利率的紧急通知》规定寿险保单预定利率不能超过年复利2.5%；其次，相关各部门紧密配合，拓宽了保险资金运用渠道，力争提高资金收益；最后，深化保险业改革，通过改制上市、增资扩股、改善盈利能力、引进外资等多种形式化解利差损。到目前为止，除个别保险公司外，中国保险业利差损问题已基本解决。

（三）规范财产险市场秩序，推进自主创新

2005年，财产险业务发展较快，但产品结构过于集中在高赔付率的险种（如车险），竞争激烈，一些保险公司存在违规经营行为，通过压低费率以抢占市场份额。再加上缺乏严密的核保制度和核保管理系统，导致这些公司的成本较高。而相对于其成本，保险公司产品定价水平偏低，保费收入难以覆盖风险。

为进一步规范市场秩序，促进财产险业健康发展，应注重以下方面：一是监管部门继续加大监管力度，重点监管存在恶性竞争行为的保险公司，严肃处理其违法违规行为。二是保险公司真正树立和落实依法合规经营理念。三是保险公司提高精算技术水平，合理定价，完善核保制度和核保管理系统。四是保险公司努力提高自主创新能力，加快调整产品结构，培育新的业务增长点。针对不同消费阶层，进行市场细分，因地制宜开发适销对路的产品，满足多元化的社会需求。

（四）加快再保险公司改革，进一步提高其竞争力

2005年，中国直接保险业务实现保费收入近5 000亿元，但再保险保费收入只有200多亿元，只占保费收入的5%，远低于发达国家的20%的水平。再保险发展滞后，保险公司风险积聚，制约了中国保险业的快速健康发展。

据中国保监会预测，到2010年，中国保费收入规模将达10 000亿元，这为再保险业务提供了广阔的发展空间。当前，世界再保险业巨头纷纷来到中国寻找商机。截至2005年底，已有瑞士再保险公司、慕尼黑再保险公司和科隆再保险公司在中国设立分公司，直接与中资再保险公司展开竞争。与它们相比，中资再保险公司不论在资本实力，还是在管理水平上均存在一定差距。此外，根据加入世界贸易组织的承诺，2006年中国全面取消法定分保比例，中资再保险公司的经营压力进一步加大。

为此，中资保险公司应加快改革，制定清晰的发展战略；完善公司治理，建立健全内部控制机制，增强内部审计的独立性、专业性与权威性，建立完善

的风险控制体系；加强研究国际再保险市场发展的经验教训，引进国外先进的经营管理技术，以进一步提高竞争力，更好地面对国际竞争，为我国保险市场的发展提供再保险保障。

专栏9：全球再保险业的发展

再保险是“保险的保险”，是指保险公司将其承担的保险业务，部分转移给其他保险公司的经营行为。它具有分散保险业风险、扩大承保能力、引领保险市场创新的重要功能，是保险业的“安全阀”和“调控器”。在面对巨灾冲击时，再保险业分担了较多的损失，保证了原保险公司安稳度过危机。据报道，1992 年安德鲁飓风造成的损失中，保险业承担了 200 亿美元的损失，其中，再保险公司承担了约 30%。2005 年的卡特里娜飓风估计带来 1 350 亿美元的损失，全球保险公司赔款将达 450 亿美元，其中，再保险业要承担 207 亿至 240 亿美元。

截至 2004 年 12 月 31 日，全球再保险业共有资本接近 3 800 亿美元，主要的再保险公司有 150 多家。再保险保费主要的来源地与目的地都是美国与欧洲，其中，欧洲为再保险风险的净承担方。按净保费收入排名，2004 年全球前 5 大再保险公司分别是慕尼黑再保险公司、瑞士再保险公司、劳合社、汉诺威再保险公司、安联（主要指标见表 5－2）。据瑞士再保险公司估计，2004 年全球再保保费收入为 1 678 亿美元，其中，非寿险再保保费收入为 1 344 亿美元，寿险再保保费收入为 334 亿美元。两者各占再保保费的 80% 和 20%。全球前 10 大再保险公司占有非寿险再保险市场的 52%，寿险再保险市场的 87%（表 5－3）。

表 5－2　2004 年世界前 5 家再保险公司相关指标表

单位：百万美元，%

排名	公司名称	净保费收入	保费市场占有率	调整后权益	综合成本率
1	慕尼黑再保险	24 729.0	14.5	35 708.0	96.5
2	瑞士再保险	15 628.2	9.1	10 803.1	103.9
3	劳合社	7 653.1	4.5	26 236.6	96.4
4	汉诺威再保险	5 638.2	3.3	4 958.1	96.8
5	安联	5 058.8	2.95	64 625.1	84.9

数据来源：根据标准普尔公司及 A. M. Best 公司数据计算。

表 5－3 1990 年至 2004 年世界再保险业务发展情况表

单位：10 亿美元,%

年度	非寿险			寿险		
	总保费	再保保费	再保份额	总保费	再保保费	再保份额
1990	537.4	59.8	11.1	673.9	7.3	1.1
1995	745.0	89.9	12.1	1 056.4	11.1	1.1
2000	758.2	94.5	12.5	1 370.6	20.0	1.5
2001	814.0	108.1	13.3	1 300.8	22.4	1.7
2002	927.1	124.6	13.4	1 388.0	25.0	1.8
2003	1 080.3	141.1	13.1	1 529.1	29.4	1.9
2004	1 187.2	134.4	11.3	1 702.5	33.4	2.0
2004 年前 10 大再保险公司承保份额			52		87	

数据来源：瑞士再保险公司。

（五）规范发展保险中介机构，提高专业化水平

2005 年，保险中介市场发展迅速，市场秩序得到改善，但仍存在一些值得关注的问题：一是保险营销员管理仍需加强；二是由于从业人员的专业素质不高，人才匮乏，中介机构的专业化程度有待提高；三是相对于保险营销员、保险兼业代理机构而言，专业化的中介机构发展较慢，规模较小。

为进一步加快保险中介市场发展，保险中介机构应根据自身经营和管理的特点，积极探索合理的保险营销模式，强化对保险营销员的管理；调整内部结构，推动代表保险中介水平的专业机构的快速发展；进一步深化保险市场分工，创新组织形式，提供专业化服务，提高保险市场资源配置效率。

（六）继续拓宽保险资金运用渠道，提高资金运用效率

承保和资金运用是保险公司经营的两大支柱。随着保险公司竞争日趋激烈，承保利润下滑，资金运用日益成为保险公司经营利润的重要来源。1999 年至 2005 年中国保险资金年平均投资收益率为 3.48%，2005 年为 3.6%，与发达国家相比，处于较低水平。主要原因在于：一是中国尚处于保险业发展初期，保险公司资金运用能力不高，对外部宏观政策变化的适应能力不强。二是保险资金运用渠道受限。过去相当长一段时间内，保险资金只能投资于银行存款和国债，虽然 2005 年保险资金运用渠道有所拓宽，但仍有拓展空间。三是中长期金融投资工具有限，无法满足保险公司投资需求。

随着中国加入世界贸易组织过渡期的结束，保险资金运用效率将成为影响中资保险公司提高竞争力的关键。因此，有关部门应继续拓宽资金运用渠道，

开发更多可供保险公司投资的金融产品。同时，保险业应积极参与金融市场产品创新，尽快提高保险资金运用效率，缩小与发达国家的差距。

此外，投资渠道的拓宽在提高保险公司投资收益率的同时，也对保险公司的风险管理能力提出了挑战。为进一步加强保险资金风险管理，应尽快出台有关风险控制的规定，强化保险资金运用监管，稳步推进托管制度，加强保险资金投资关联交易管理，促进保险资金管理规范透明。保险公司应加快资金运用管理体制改革，建立专业化、市场化、规范化的保险资金管理体系，加强风险管理能力。

（七）进一步提高监管水平，完善保险公司治理结构，强化信息披露

目前，中国保险业风险防范体系已基本建立，并取得了较好效果。但仍有部分保险公司风险管理意识不强，业务增长过快，资金占用较多，造成偿付能力不足。下一步，在继续加强风险防范的基础上，在完善落实市场行为监管、公司治理监管的同时，保险业还应进一步加强偿付能力监管。参照国际标准，建立符合保险业特点的财务制度体系，完善偿付能力监管指标体系。

当前，多数保险公司初步建立了公司治理架构，并在优化股权结构、加强董事会建设等方面取得了初步成效。但部分保险公司的董事会和监事会制度仍有待健全，经营责任追究机制有待建立，风险管理水平有待加强，信息披露有待强化。为此，保险公司应注重巩固国有保险公司股份制改革成果，继续完善保险公司治理结构，建立权力机构、决策机构、监督机构和经营管理者之间的制衡机制；引进国外先进经验和技术，提高风险管理水平；加强内控制度建设，完善和落实保险经营责任追究机制；针对保险业专业性强、保险合同复杂、信息不对称较为突出等特点，把提高行业透明度放在更加重要的位置，强化信息披露。

（八）提高保险公司服务水平，加强诚信建设

目前，保险市场存在重销售、轻服务的现象。一些保险公司对诚信经营重视不足，在开展业务时，利用保险条款复杂和投保人保险知识缺乏的特点，欺诈误导消费者投保，而出险后却“理赔难”。

为提高保险服务水平，加强保险业诚信建设，保险业应开展新的服务方式，全面提升服务水平；加强综合治理，严肃处理不诚信行为，切实解决误导、理赔难等问题；推行诚实、守信、规范化服务，加强保险业诚信文化建设，提升保险业形象，赢得公众的信赖；建立保险纠纷快速处理机制，切实保护被保险人的合法利益。

（执笔：徐忠、王少群、陈敏）

第六章

金融业综合经营试点

2005年10月，党的十六届五中全会通过的《中共中央关于制定国民经济和社会发展第十一个五年规划的建议》提出“稳步推进金融业综合经营试点”。金融业综合经营试点是我国金融业在深化改革、进一步对外开放形势下提升国际竞争力的必然选择。当前，我国已经具备了金融业综合经营试点的条件，下一步，还需要加强金融监管协调和信息共享，增强金融机构的风险控制能力，选择适合中国国情的金融业综合经营模式，防范综合经营可能引发的跨行业、跨市场风险，维护金融稳定。

一、金融业综合经营在我国的发展历史及现状

金融业综合经营是指银行业、证券业和保险业可以跨业经营的金融制度。金融业综合经营主要有两种模式（图6－1）。第一种是法人综合模式，同一法人同时经营银行、证券、保险中的两种或两种以上业务。这种模式需要金融机构具有较强的法律观念、良好的信用文化传统和自律意识。第二种是以资本为纽带的集团综合模式。这种模式又分为两种类型：一种是金融控股公司，金融控股公司不直接从事金融业务，但同时控股商业银行、证券公司或保险公司；另一种则是以某个金融机构，主要是商业银行、保险公司作为投资主体跨行业投资设立其他金融机构。

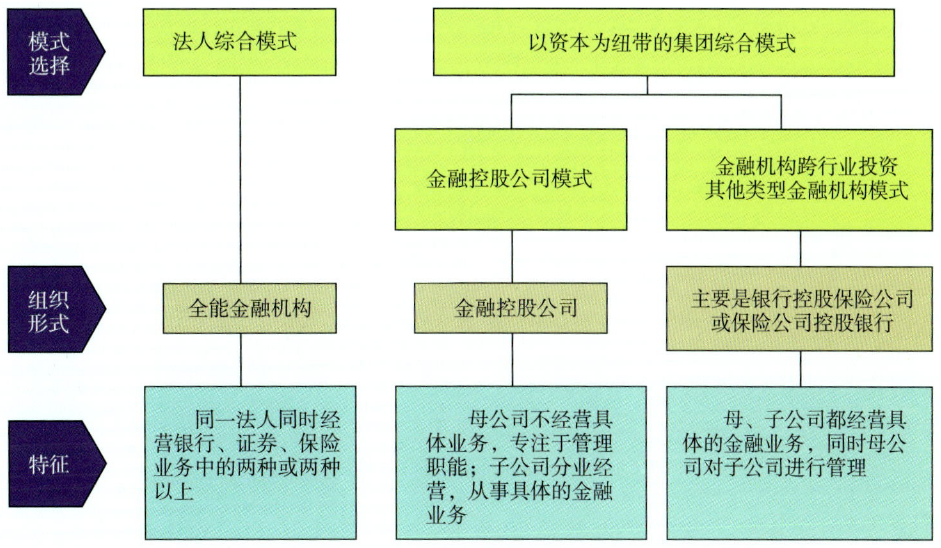

图6－1　金融业综合经营的模式

金融业综合经营在中国并不是新生事物。从1978年开始，中国金融业就进行了多元化经营的尝试，当时的多元化经营状况被普遍称做“混业经营”。1978年，党的十一届三中全会确立了经济和金融改革的指导思想之后，中国出现了金融机构多元化和金融业务多样化的局面。1979年成立的中国国际信托投资公司和1986年重新组建的交通银行、新成立的中信实业银行都曾获准经营广泛的业务，涉足银行、保险、证券、信托等业务。受此影响，国有商业银行也曾涉足多种金融业务，并向非银行金融机构和非金融企业投资。

1993～1997年，金融业“分业经营、分业管理”的原则初步确立。1993年，由于金融生态环境欠佳、监管不足、人才缺乏、内控机制不健全、会计准则不完善等问题，中国金融秩序出现了较为严重的问题，混业经营被认为是造成这种局面的原因之一。1993年11月，党的十四届三中全会通过《中共中央关于建立社会主义市场经济体制若干问题的决定》，要求“银行业与证券业实行分业管理”。1993年12月，国务院发布《关于金融体制改革的决定》，要求“国有商业银行不得对非金融企业投资，对保险业、证券业、信托业和银行业实行分业经营”。1995年颁布的《商业银行法》、《保险法》等金融法律遵循了金融业“分业经营、分业管理”原则。

1997～2002年，金融业分业经营、分业管理体制得到完善。1997年12月，面临亚洲金融危机爆发的严峻形势，针对国内存在的金融秩序混乱、金融风险因素加大等突出问题，党中央、国务院及时召开全国金融工作会议，下发了《中共中央、国务院关于深化金融改革，整顿金融秩序，防范金融风险的通知》，要求“严格规范各类金融机构业务范围，坚决改变混业经营状况”，指出“在我国现实情况下，必须严格执行银行、信托、证券、保险分业经营、分业管理的原则”。1998年，中国保监会成立，形成了中国人民银行、中国证监会、中国保监会分别对银行、证券、保险进行监管的分业监管体制。

2002～2003年，分业管理体制最终确立，金融业开始综合经营尝试。2001年12月，中国加入世界贸易组织。2002年2月，党中央、国务院召开了第二次全国金融工作会议，提出在新时期进一步完善现代金融机构体系、市场体系、监管体系和调控体系，全面增强中国金融业竞争力，并强调“加强监管是金融工作的重中之重”。在这一背景下，2003年4月，中国银监会正式成立，中国“一行三会”的金融管理体制最终形成。

在分业管理体制逐步形成、确立的过程中，尤其是进入21世纪后，随着中国经济、金融对外开放程度的加深，受金融全球化、自由化进程的影响，分业经营的局限性逐步显现，金融业综合经营的要求和动力日益增强。鉴于监管的专业化水平和效率已有明显提高，为提高竞争力，满足全社会对多元化金融服务的需求，金融业开始了综合经营尝试，探索跨行业的机构创新和产品创新，2002 年，中信控股公司经国务院批准成立。面对新的形势，2003 年 10 月，党的十六届三中全会通过《中共中央关于完善社会主义市场经济体制若干问题的决定》，提出“建立健全货币市场、资本市场和保险市场的有机结合、协调发展的机制”，并要求“建立健全银行、证券、保险监管机构之间以及同中央银行、财政部门等宏观调控部门的协调机制，提高金融监管水平”。2005 年 10 月 11 日，为提升金融机构的国际竞争力，防范金融风险，促进金融业稳定发展，党的十六届五中全会通过《中共中央关于制定国民经济和社会发展第十一个五年规划的建议》，明确提出“稳步推进金融业综合经营试点”。

2005 年以来，随着金融业综合经营试点政策的逐步明朗，在政府主导和市场自发力量的共同作用下，中国金融业综合经营试点稳步推进。一是国务院和金融监管部门相继批准了一些金融机构跨行业投资。2005 年 2 月 20 日，经国务院批准，中国人民银行、中国银监会和中国证监会联合发布《商业银行设立基金管理公司试点管理办法》，允许商业银行投资设立基金管理公司。2005 年 8 月，国务院批准成立银河金融控股公司。2006 年 4 月，国务院同意保险公司投资非上市银行股权和证券公司。2006 年 5 月，国务院原则同意商业银行设立或入股金融租赁公司，并原则同意参与证券公司风险处置的资产管理公司设立证券公司并收购证券类资产。二是一些中央直属的大型国有能源、电力、交通等企业集团、地方政府的国有资产投资经营公司和股份制民营企业为获取金融利润和融资便利，自发向金融业扩张，投资控股了不同行业的金融机构。三是在市场力量作用下，金融机构进行金融产品创新，开展银证、银保产品的交叉销售、委托理财、信贷资产证券化、企业年金管理和投资等跨行业、跨市场的交叉性金融业务。四是有关部门也加强了对金融业综合经营的监测和风险分析。2005 年，中国人民银行对中国金融业综合经营的情况进行了调查。

专栏 10：中国金融业综合经营的基本情况

近年来，金融业综合经营受到社会广泛关注。为摸清情况，中国人民银行对全国 506 家法人金融机构及其前 10 大股东（共 3 515 家企业）开展了一系列调查，调查显示，中国金融业综合经营已经比较普遍。以直接或间接持有金融机构50%以上股份作为绝对控股标准，以持有股份低于50%

但拥有人事、财务、经营决策等实际控制权为相对控股标准，截至2005年6月30日，在3 515家样本企业中，有530家非金融企业同时投资了两种类型以上的金融机构，其中有46家达到了控股地位；有230家金融机构跨行业投资了其他类型金融机构，其中有66家达到了控股地位；此外还出现了3家金融控股公司。三者共计有115家企业已成为事实上的金融集团（表6－1），主要分布在北京、上海、江苏、广东等经济发达地区。具体情况如下。

一是由大型实业企业形成的产融结合型集团。实业企业控股金融机构的主要原因是开展多元化经营，分散经营风险；希望通过对金融业的投资来保证其事业扩张的资金和其他金融需求。在这些企业集团中，有少数一些在集团内整合了金融资源，即由集团设立控股公司管理金融资产，而更多的是在集团内部设立“金融管理部”管理金融资产，形成实业与金融业的直接混业。

二是地方政府主导的国有资产投资经营公司向金融集团转型。近年来，地方政府纷纷整合本地资源，由地方国有资产监督管理局设立国有资产投资经营公司，控股本地的银行、证券、保险、基金公司等。

三是金融机构跨行业向其他金融机构投资。当前，许多大型金融机构特别是商业银行、保险公司希望开展综合经营的愿望十分明显。有一些商业银行、保险公司已经开始或正在积极进行这方面的尝试，通过跨行业并购进入其他金融领域。

四是大量民营企业和上市公司持有金融机构5%以上股权。此次调查发现，当前有176家企业同时参股两家或两家以上的金融机构，且持股比例都达到了5%以上。这些企业包括很多著名的民营企业和上市公司。虽然这些企业对金融机构还没有形成控股地位，但作为大股东能够对金融机构施加重大影响，其中可能会产生一批向金融集团转型的企业。

五是外资参股、控股国内金融机构的情况逐步增多。当前，一些外国金融集团以设立分行、子公司、合资公司、参股等多种形式渗透到国内银行、证券和保险领域，进行了跨行业的战略布局。

表 6－1　中国金融业综合经营的基本情况

名　称	分　类	数　量
产融结合型集团	能源、交通等大型企业集团类	17
	地方政府背景的国有资产投资公司类	24
	股份制企业类	5
	小计	46
金融机构跨行业投资 其他金融机构	商业银行类	6
	保险公司类	5
	证券公司类	23
	信托投资公司类	27
	资产管理公司类	2
	财务公司类	2
	期货经纪公司类	1
	小计	66
金融控股公司		3
合　　计		115

二、稳步推进金融业综合经营试点的必要性和可行性

（一）稳步推进金融业综合经营试点的必要性

稳步推进金融业综合经营试点，是中国金融业在既有外部压力又有内在动力下的必然选择。

一是我国金融业迎接外部挑战，提高国际竞争力的要求。目前，国际上大型跨国金融机构大都实行综合经营。2006 年是中国加入世界贸易组织过渡期的最后一年，中国金融业对外开放水平进一步提高，在华外资金融机构虽然必须遵守中国分业经营的基本制度，但仍可凭借其母公司在业务支持、数据信息和客户资源共享上的综合经营优势，与国内金融机构展开全方位竞争，中国金融机构面临的竞争压力会更大。中国金融业有必要通过综合经营提高国际竞争力，积极应对挑战。

二是我国金融业满足全社会对多元化金融服务需求的要求。改革开放以来，中国经济发展和国民收入水平不断提高，银行业、证券业和保险业的关系更加紧密，货币市场、资本市场和保险市场之间的内在联系日益增强，企业、居民对多元化金融服务的需求越来越多样化，这需要金融业加大金融服务和金融产

品的创新力度，提高金融服务的效率和水平，通过综合经营最大程度地满足客户对多元化金融服务的需求。

三是分散金融风险，充分发挥金融市场配置资源作用的要求。由于受历史传统和金融市场发展水平的制约，我国目前的融资结构以间接融资为主，商业银行占绝对主导地位。直接融资严重滞后于间接融资，一方面导致企业融资过度依赖银行贷款，使全社会的融资风险过度集中于银行体系；另一方面，主要依靠银行业来判断市场风险和配置资金，也不利于资源的优化配置和金融体系的整体稳定。开展综合经营，有助于降低间接融资比重，进一步发挥市场配置资源的作用，促进直接融资和间接融资的协调发展，实现金融市场的有机结合，维护金融体系的稳定。

（二）稳步推进金融业综合经营试点的可行性

金融业综合经营事关金融改革、金融开放和金融稳定，受到多种因素的制约。当前，中国金融业已基本具备了开展综合经营试点的条件。

一是金融监管专业化水平得到较大提高，总体上适应金融业综合经营试点的监管要求。在现行分业监管体制下，金融监管机构通过完善各项监管规章和制度，改进监管手段和方法，加快风险化解和处置，不断提高金融监管的专业化水平，保障了我国金融业的健康发展。针对金融业综合经营趋势，金融监管机构在各自的监管领域对信贷资产证券化、金融衍生产品、委托理财等交叉性金融业务制定了相应的监管规则，中国人民银行和各监管机构加强协调和合作，在商业银行设立基金管理公司等方面初步尝试了功能监管，为综合经营的监管体制探索了经验。

二是金融企业改革进一步深化，奠定了金融业综合经营试点的微观主体基础。随着金融改革的不断深化，金融机构经营状况总体好转，资产质量明显改善，财务风险得到控制，不良资产比例大幅下降，金融机构的抗风险能力进一步加强，基本建立了现代公司治理结构，风险管理和内控制度建设有了较大改善，形成了一批高端专业人才队伍。特别是国有商业银行经过近三年来的改革，财务状况、公司治理、风险管理和内控制度、资产质量和盈利水平都进入较佳状态，奠定了金融业综合经营的微观主体基础。

三是金融市场体系初步建成，提供了金融业综合经营试点的市场运行保障。金融市场的宽度、深度和开放度不断提升，产品逐渐丰富，流动性不断提高，市场配置资源的基础性作用日益增强。货币市场、债券市场、股票市场、保险市场和外汇市场等都得到了长足发展，金融工具种类增加，金融创新快速推进，为金融业开展综合经营创造了良好的市场运行条件和保障。

四是金融生态环境有所改善，基本具备了金融业综合经营试点的外部条件。金融生态环境，包括会计准则、信用环境、金融安全网等正在逐步完善，《商业银行法》、《证券法》等金融法律为金融业综合经营预留了空间，推进金融业综合经营试点的生态环境条件已经基本具备。

三、稳步推进金融业综合经营试点

综合经营在为中国金融业的发展带来动力和活力的同时，也增加了影响金融稳定的不确定因素，使得金融风险的特征更加复杂，呈现出跨行业、跨市场、跨国界的系统性特点，防范系统性金融风险、维护金融稳定的任务更加艰巨。在当前的经济、金融形势下，还不宜全面开展金融业综合经营，而应先行试点，稳步推进，着重做好以下工作。

（一）加强金融监管协调和信息共享，进一步提高金融监管水平

党的十六届三中全会提出“建立健全银行、证券、保险监管机构之间以及同中央银行、财政部门的协调机制”，党的十六届五中全会要求“建立健全银行、证券、保险监管机构间以及同宏观调控部门的协调机制”。在稳步推进金融业综合经营的过程中，中国人民银行和金融监管机构应当围绕贯彻落实党的十六届三中全会、五中全会精神，建立和完善金融监管协调机制，协调监管政策和手段，加强信息共享，防范跨行业、跨市场金融风险。

（二）完善金融机构公司治理，增强风险控制能力

金融机构开展综合经营，需要进行产品创新、机构创新和服务创新，面临着复杂的跨行业、跨市场操作及可能引发的风险。为此，金融机构在进行综合经营、探索更广泛的经营方式和产品时，需要把创新能力和风险控制能力摆在足够的高度，完善公司治理，提高创新能力，增强风险控制能力，加强人才储备建设。

（三）控制关联交易，防范跨行业、跨市场的风险传递

在进行综合经营的金融集团中，一家子公司的风险很容易通过关联交易传递到集团内从事其他行业的公司，从而导致风险跨行业、跨市场传递。因此，控制关联交易是防范金融业综合经营风险的核心问题。当前，我国各类金融集团在控制关联交易方面还没有建立有效的制度和措施。在稳步推进金融业综合经营试点过程中，应当建立以控制关联交易为核心的综合经营监管制度和金融

机构风险管理的内控制度。

专栏 11：德隆系风险处置及其启示

德隆系是指以德隆国际战略投资有限公司（简称德隆国际）为母公司，通过控股新疆德隆（集团）有限责任公司（简称新疆德隆）、新疆屯河（集团）有限责任公司（简称新疆屯河集团），并以德隆国际、新疆德隆和新疆屯河集团为平台，经过复杂的资本运作及一系列不规范的操作，形成直接或间接控股、参股的200余家实业企业、13家金融机构的总称。有关初步研究显示，德隆系以德隆国际为母公司的实业企业汇总资产为222.25亿元，汇总负债为178.76亿元，扣除少数股东权益39.44亿元、持有金融机构股权损失、关联损失以及德隆系大量担保和抵质押等或有负债损失，净资产为-70多亿元。德隆系13家金融机构，剔除相互间债权债务，预计实际损失总额超过200亿元。

2004年4月，以德隆系所控制的合金投资、新疆屯河和湘火炬三只上市公司股票的连续跌停为标志，德隆系风险爆发。中国人民银行、相关部门和地方政府按照国务院统一部署，加强沟通，摸清德隆集团风险状况，制定了总体方案，明确了德隆系风险处置原则，并分工负责，协调有关政策，指导中国华融资产管理公司托管德隆系企业，化解德隆系风险。

经过一年多的托管，德隆系实业企业的有效资产基本处置完毕，德隆系持有的天山股份和屯河股份两家上市公司的股权已实现转让，债务重组取得积极进展。德隆系金融机构中，德恒证券、恒信证券实施关闭清算，德隆参股的长沙市商业银行、株洲市商业银行、昆明市商业银行、南昌市商业银行和东方人寿保险公司5家金融机构，通过股权转让的方式实现了德隆系的退出。金新信托、伊斯兰信托、新疆金融租赁、新世纪金融租赁被实施停业整顿，南京国投被撤销清算。

德隆以“资本运作”为主的经营模式是其风险爆发的根本原因。德隆的“资本运作”以违规控制企业（特别是金融企业）——套取资金——在资本市场运作非法牟利作为主要手段，支持了自身规模的迅速扩张。适度资本运作是企业谋求发展的可行途径之一，但如果不以产业发展为基础，过度依赖资本运作，以各种方式“圈钱”，必然要支付高利息和高财务成本，使企业长期陷入高负债的“资金饥渴”状态。这种高风险的融资安排使企业运营建立在十分脆弱的资金链上，一旦资金环节稍有问题，整个企业体系马上出现难以支撑的局面。德隆系风险正是这一模式的必然结果。

德隆系风险的爆发在一定程度上也反映了监管制度不完善。在现行的分业监管体制下，难以对跨市场、跨行业的经营行为实行有效监管。德隆系通过直接或间接方式控股或参股了多家银行、证券公司和信托投资公司，并通过资本运作方式，在各金融机构和非金融企业之间频繁转移资金，通过资金链和大量的关联交易，将不同金融机构之间、金融机构和非金融企业之间的风险联结在一起。一旦某个金融机构或实业企业经营出现问题，集团内部的资金链断裂，个别机构的个体风险就会相互传染并影响到整个集团。这类风险如果不及时处置，还可能形成金融体系的系统性风险。

（四）严格信息披露制度，强化市场监督和约束

金融集团的关联交易和股权结构的复杂性往往使监管机构无法了解其经营状况，从而无法准确判断集团的整体风险。为此，应当认真执行高标准的会计标准和监管标准，严格信息披露制度，增强信息透明度，使监管机构、客户、投资者能够对金融集团及其成员的资本状况、利润水平以及风险状况作出准确判断，从而强化对综合经营风险的市场监督和约束。

（五）选择适合我国国情的金融业综合经营模式

从我国金融业发展水平看，“母公司控股、子公司分业经营”的金融控股公司，在资产配置、风险管理、客户信息资源共享等方面具有优势，并可以有效防止不同行业金融风险的传染，与我国金融监管体制现状相适应，是适合我国国情的综合经营模式。此外，我国部分有实力的大型金融机构已经具备一定的资本运作、风险控制、交叉销售和业务整合能力，其中具备条件的金融机构也可探索通过跨行业投资其他金融机构的方式开展综合经营。吸取德隆系风险的教训，当前，不宜允许产业集团直接或者间接同时控股多家金融机构，对现实中已经存在的控股金融机构的产业集团，应要求其设立独立金融控股公司负责控股和管理各类金融资产。

专栏12：主要国家金融业综合经营的模式和监管体制

由于国情和历史传统不同，各国金融业综合经营的模式也不尽相同，与综合经营的模式相适应，各国金融监管体制也都发生了相应改革和完善。概括起来，主要有以下几种类型。

德国的法人综合模式和统一监管体制。以德国为代表的欧洲大陆国家传统上采用法人综合模式，具体组织形式为全能银行。即银行本身可以直接从事商业银行和证券业务（保险业务除外），而不需要特别设立子公司。此外，银行还可以进行实业投资。针对这种综合经营模式，2002年5月德国通过《统一金融服务监管法》，将银行业、证券业、保险业监管机构合并组成联邦金融监管局（BAFin）。监管局负责统一监管银行、保险、证券业务以及交叉性金融业务，并与作为中央银行的德意志联邦银行保持密切合作。为避免重复劳动，提高监管效率，联邦金融监管局在各地不设立下属机构，德意志联邦银行的分支机构代为承担地区的日常金融监管事务，并向其总行及金融监管局报告统计信息和各类检查结果。

美国的金融控股公司模式和功能监管体制。美国1999年颁布的《金融服务现代化法》规定，管理和资本状况良好的银行控股公司及符合条件的外国银行，可以转化为金融控股公司。金融控股公司可以从事一系列非常广泛的"本质是金融"（Financial-in-nature）的活动，包括通过子公司从事证券和保险业务。金融控股公司甚至还可以从事非金融活动，只要美联储（FRS）认可这一非金融活动与控股公司本身的金融活动是密切相关或补充的。与以金融控股公司形式进行综合经营的模式相适应，美国实行牵头监管人与功能监管者相结合的伞形监管制度。美联储作为金融控股公司的监管协调人，负责对金融控股公司整体的监管，并协调各功能监管者，防范系统性风险；同时，原有的监管机构按金融服务种类进行功能化监管。美国以金融控股公司方式实行综合经营，既有利于提高金融机构的经营效率和竞争力，又有利于系统性金融风险的控制。牵头监管人与功能监管者相结合的伞形监管制度既保留了传统的多个功能监管机构，又适应了金融控股公司的新形式，是一种维持分业监管格局的监管制度创新。

英国的金融机构跨行业并购其他金融机构模式和统一监管体制。1986年英国进行金融"大爆炸"（Big bang）改革，改变金融分业经营的体制，商业银行通过收购和兼并证券经纪商等金融机构，构建起多元化金融集团，提供包括银行、证券、保险、信托业务在内的综合金融服务。为适应这一综合经营模式，1998年6月，新的《英格兰银行法》将英格兰银行的银行监管权转移给英国金融服务局（FSA），由金融服务局对所有金融机构和整个金融市场进行统一监管。为达到金融稳定的最终目标，英格兰银行、金融监管局和财政部三方签订了谅解备忘录，明确各自职责分工，加强在信息收集、信息交换和政策制定等方面的协调合作。此外，还成立由三方代表组成的金融稳定委员会，每月开会讨论与金融稳定有关的重大问题。英格兰银行与金融监管局负责人还交叉参加对方的理事会，建立人员相互借调制度，加强二者之间的联系，培育合作文化。

日本兼具英美特点的综合经营模式和统一监管体制。1992 年日本颁布《金融制度改革法》等相关法令，允许金融机构通过子公司开展银行、证券和保险业务。1997 年修正《禁止垄断法》，通过《控股公司解禁整备法》和《银行控股公司创设特例法》，允许设立金融控股公司，使日本金融机构的综合经营模式兼具英美特点。随着综合经营制度的确立，日本的金融监管体制也发生了变化。2000 年，日本将金融监督厅与大藏省（后改名为财务省）的金融体系规划局合并为金融服务厅，统一监管各金融机构和金融市场。与此同时，日本的中央银行和监管机构加强监管合作。为履行金融稳定职责，日本银行可与在日本银行开立结算账户的金融机构签订进行现场检查的协议，对有关金融机构进行非现场监管，并可将其现场检查结果或有关信息提供给金融服务厅，协调二者的行动。

（执笔：陶玲、秦国楼）

第七章

金融市场

中国金融市场继续保持多元化发展，各个市场的制度性建设获得较大进展，市场运行机制更为完善，市场功能发挥更为充分，市场稳定运行的基础不断加强。金融市场的持续健康发展，为市场主体提供了有效的资金融通渠道和风险管理场所，为实施宏观经济金融调控提供了稳健的平台。

一、金融市场运行状况

2005 年，金融市场继续保持健康发展的良好势头。货币市场交易活跃，流动性充足；债券市场交易品种更加丰富，发行情况良好；股票市场在改革中平稳发展，市场信心增强；外汇市场创新加快，人民币汇率形成机制进一步完善；期货市场总体运行平稳，市场功能和作用继续发挥；黄金市场交易规模不断扩大，交易功能不断提升；保险市场继续保持健康、稳定发展。

货币市场在资金面总体充裕的情况下，各子市场成交活跃、运行平稳，对货币政策的有效传导、宏观调控目标的顺利实现、金融体系的整体稳定发挥了积极作用。一是同业拆借市场成交量稳中有降。2005 年，全国银行间同业拆借市场累计成交金额 1.3 万亿元，日均成交金额 50.9 亿元，比 2004 年下降 11.83%。二是回购市场交易活跃，成交量随现货市场发展而上升。2005 年，债券市场回购成交总金额为 18.4 万亿元，比 2004 年增长 31.5%。其中，回购标的债券以国债和政策性金融债为主，且回购期限短期化特征明显。三是票据融资业务迅速发展，逐步成为企业重要的短期融资方式，其中银行承兑汇票仍是票据市场最主要的工具。随着市场竞争的进一步加剧，部分商业银行通过系统内票据业务专营等方式，加强对票据业务的集约化经营和集中管理。

债券市场继续保持健康发展的势头，产品创新不断推出，债券发行规模快速扩大。一是一级市场债券品种更为丰富，期限结构日趋合理。2005 年，债券市场累计发行债券 4.1 万亿元，同比增长 67.2%，发行主体进一步多样化，债券品种和信用层次更加丰富。二是二级市场成交量大幅增长，市场利率持续走低。2005 年，债券市场现券交易总量为 6.3 万亿元，比 2004 年增长 122.6%。国债收益率曲线呈现总体平稳下移趋势，其中中长期债券收益率下降更为明显，导致收益率曲线平坦化。三是债券市场的投资主体数量继续快速增加，类型日渐丰富。截至 2005 年底，银行间债券市场共有市场参与者 5 508 家，比 2004 年末增加 1 525 家。其中，非金融企业与资金集合型投资主体增加较多。四是商业银行柜台记账式国债交易稳中有升。2005 年，商业银行柜台记账式国债业务运行平稳，柜台网点逐渐增加，成交量同比有所放大。全年共成交 7.8 万笔，同比增长 22.5%；成交量为 65.7 亿元，同比增长 5.7%。

股票市场改革与发展齐头并进。虽然全年股票融资量和交易量较2004年有所下降，但在市场的制度层面发生了重大转折，影响市场稳定和发展的一些深层次矛盾和结构性问题逐步得到解决，市场信心增强，股票市场在改革中获得平稳的发展。截至2005年底，沪、深两市共有上市公司1 381家，上市股票总数1 464只，流通市值和总市值分别为1.1万亿元和3.2万亿元。2005年股票市场A股合计交易金额为3.1万亿元，与2004年相比下降了24.9%，其中，沪市成交金额1.9万亿元，占成交总额的61%；深市成交金额1.2万亿元，占成交总额的39%。为配合股权分置改革而新推出的权证产品交易较为活跃，两市权证交易总额为2 188亿元。

外汇市场得到较大发展，市场创新加快，进一步完善了人民币汇率形成机制。一是汇率形成机制改革后人民币汇率稳步走强。人民币汇率形成机制改革实施前，银行间外汇市场上人民币对美元汇率基本稳定在8.2765的日加权平均价位上；2005年7月21日人民币对美元中间价调整为8.11；其后人民币汇率缓慢上行，上下振幅在426点内，年末以8.0702的全年最高价报收。二是外币对交易推出，美元交投相对活跃。2005年5月18日，银行间外汇市场正式推出8个外币货币对竞价交易，全年累计成交量折合521.33亿美元，日均成交量3.28亿美元。交易最活跃的三个外币对为欧元/美元、美元/港币和美元/日元，占总交易量的比重分别为41.6%、25.6%和23.2%。三是引入远期外汇交易，交易品种仍以美元为主。2005年8月15日银行间市场正式推出远期外汇业务，当年共成交277笔，其中美元成交263笔，日元成交14笔。

期货市场总体运行良好，市场功能和作用继续发挥。一是市场总体运行平稳。2005年，国内期货交易累计成交13.4万亿元，较2004年下降8%；各品种共成交3.23亿手，较2004年增长6%。二是新品种上市运行成功，交易活跃，资金逐渐由原来活跃品种向新品种转移。2004年新上市的玉米、棉花和燃料油等新品种交易量增长较快，成为市场活跃的主要力量。三是市场份额向大公司集中。在2005年全国期货市场13.4万亿元交易额中，排名前20名的期货经纪公司占55.7%，市场份额向大公司集中倾向明显。

黄金市场量价齐增，现货交易稳定增长，保证金交易迅速发展，市场参与者多元化结构逐步形成，展现出良好的运行态势。一是黄金、铂金交易活跃，价格不断上扬。2005年黄金与铂金交易量均创市场开业以来的新高。全年黄金成交金额1 069.8亿元，铂金成交金额98.7亿元，分别同比增长46.3%和53.6%。同时，黄金价格不断上扬，价格走势与国际市场基本一致。二是现货交易稳定，保证金交易发展迅速。在上海黄金交易所的6种交易品种中，现货为主要交易方式，其中Au（99.95）和Au（99.99）两个品种是最早和最活跃的交易品种，交易量占市场总量的82.08%；Au（T+5）和Au（T+D）两个保证金交易品种发展迅速，满足了生产、使用企业规避价格风险的需要，尤其是Au（T+D）品种交易日渐活跃，逐渐得到市场的普遍认可。三是参与者多元化结构逐步形成，参与市场的能力进一步提高。截至2005年底，上海黄金交易所共有会员128家，其中商业银行16家，产金冶炼企业31家，用金和其他企业81家。

保险市场继续保持健康、稳定发展，市场主体不断增加，保费收入稳定增长，资产规模快速扩张，资金运用渠道得到拓宽，资产管理改革不断深入。一是保险业务继续保持健康、稳定增长的良好势头。截至2005年底，保险公司总资产15 298.69亿元，比年初增加3 240.1亿元。全年保费收入4 931.28亿元，同比增长14%。二是保险资金规模快速扩大，资金融通功能日益强化。截至2005年末，保险资金运用余额14 100.11亿元，比年初增加3 357.2亿元。保险机构作为重要的机构投资者，通过增加基金投资和直接投资股票，对维护资本市场稳定发挥了重要作用。三是保险市场主体不断增加，市场竞争度稳步提高。截至2005年末，全国共有保险机构93家，保险专业中介机构1 887家，保险兼业代理机构超过12万家。外资保险机构数量稳步增加，市场份额逐步扩大，市场竞争度提高。四是保险资产管理改革不断深入，促进投资效益稳步提高。2005年保险资产管理改革进程明显加快，专业化管理体制逐步完善，投资渠道进一步拓宽，为提高保险资金投资收益率奠定了基础。

二、金融市场发展促进了金融稳定

金融市场建设是一项复杂的系统工程，它与金融稳定关系密切，相辅相成，持续健康发展的金融市场促进了金融稳定，同时稳定的金融环境也为市场的进一步发展创造了条件。概括来说，金融市场的发展主要包括金融产品创新、市场制度创新和对外开放程度的进一步扩大。

（一）金融产品创新有利于金融稳定

中国金融产品创新较快，成效显著，促进了金融稳定。

1. 金融产品创新

一是货币市场推出短期融资券。自2005年5月首批企业短期融资券成功发行以来，融资券市场运行平稳，发展势头良好，发行规模不断扩大。截至2005年末，共有58家企业发行了76期短期融资券，累计发行总面额1 392.5亿元。在银行间债券市场引入短期融资券是我国融资方式的重大突破，有利于进一步拓宽企业融资渠道，优化我国融资结构。

二是债券市场推出金融债券、债券远期和资产证券化产品。一般性金融债券的发行有利于拓宽金融机构直接融资渠道，丰富市场信用层次，进一步提高市场效率；资产证券化对我国发展金融市场、维护金融稳定、应对金融开放的挑战具有重要现实意义；债券远期交易的推出是我国金融市场发展的重要里程碑，标志着我国金融衍生产品市场开始起步，对维护金融稳定、促进债券现货市场发展以及中央银行制定和执行货币政策具有重要意义。

三是股票市场推出权证产品，市场交易活跃，投资者参与热情较高。2005年，沪市权证合计成交量为1 763.07亿元，深市权证合计成交量为425.46亿元。权证产品的推出丰富了我国的金融衍生产品市场，活跃了市场交易，为解决股权分置问题提供了金融工具，也为投资者提供了理财避险的工具。

四是外汇市场创新加快，先后推出银行间外币对外币买卖业务和远期外汇交易，为市场主体提供了管理汇率风险的工具，培育了市场主体进行风险定价和风险规避的能力，促进人民币汇率的价格发现并有效配置外汇资源，为今后发展各种其他外汇衍生工具创造了条件。

五是保险市场产品创新步伐不断加快，各种意外险、巨灾险、农业险应运而生，已成为保险业新的经济增长点。保险市场的产品创新推动了保险市场的平稳、健康运行，促进了保险市场的结构优化，在加强社会保障、促进社会管理等方面发挥了积极作用。

2. 金融产品创新对金融稳定的积极作用

金融产品的创新在不增加市场总体风险的前提下，可以适度分离、转移和分散风险，改善我国社会融资结构失衡问题。我国金融市场中，间接融资比例过高，信用风险过度集中在银行体系。2005年，我国相继推出的短期融资券、信贷资产证券化等金融创新产品，提高了直接融资在社会融资体系中的比重，使部分积聚在银行体系的企业信用风险逐渐稀释、分散。2005年国内非金融机构部门（包括住户、企业和政府部门）融资结构变化明显，企业债融资比重明显上升，贷款和国债融资比重下降。全年国内非金融机构部门贷款、股票、国债和企业债融资的比重为78.1∶6.0∶9.5∶6.4，而这一比重在2004年为82.9∶10.8∶1.1∶5.2。

金融产品创新进一步完善了维护金融稳定的市场运行机制，促进了市场对金融资源的有效配置。金融产品创新的过程，实质上就是以标准化、高透明度、高流动性的金融产品，不断替代原有低效率、低透明度融资方式的过程。以短期融资券为例，发行企业过去通过向银行贷款融资时，由于银行内部的审核流程不公开，市场机制对企业按期还贷的约束较弱，借款人的道德风险难以规避；但是在公开的市场上，在严格的信息披露制度约束下，发行人按期还本付息的行为受到市场所有融资券持有人的监督，恶意违约的可能性较小。

金融产品创新提高了金融机构的市场竞争力和盈利能力，从而增强了其应对风险的能力。2005 年，国有商业银行的股份制改革正处于攻坚阶段，同时也是我国银行业对外开放前的关键时期，我国银行业金融机构特别是商业银行的快速发展是维护我国金融稳定的重要前提。短期融资券市场建立后，我国银行业金融机构的中间业务获得较快发展，特别是债券承销、财务顾问等专业服务的推出，不仅满足了企业客户降低融资成本、融资方式多样化等需求，增加了商业银行的收入和利润，而且使商业银行逐步由传统盈利模式向中间业务盈利模式转型，提高了其日后在开放市场中的竞争力。

金融产品的创新能够培育机构投资者识别、抵御风险的能力，降低系统性风险爆发的可能性。创新产品的推出，特别是无担保、完全以企业信用为支持的短期融资券的推出，促使机构投资者在追逐更高收益的同时，增强研究力量，提高判断、识别风险的能力。在市场暴露出风险点或发生突发事件时，机构投资者主动建立风险应急处理机制，并在合法、合规的前提下维护自身权益，逐步形成公平、高效的市场化运作机制。

专栏 13：稳步推进信贷资产证券化

信贷资产证券化是指将具有可预见现金流的信贷资产打包，以证券形式在金融市场上发售的活动。证券化是发达国家化解和分散银行信贷风险的重要方式和成功经验，截至 2006 年第二季度末，美国资产支持证券（包括 ABS 和 MBS）余额为 8.2 万亿美元，占全部美国债券市场余额的 31.1%，为第一大类债券产品，远高于第二类公司债券的 19.7%。我国信贷资产证券化试点工作是经国务院批准，从 2005 年 3 月 21 日正式启动的。2005 年 12 月 15 日，国家开发银行第一期 41.7727 亿元信贷资产支持证券和中国建设银行 30.19 亿元个人住房抵押贷款支持证券以及 2006 年 4 月 25 日国家开发银行第二期 58.2 亿元信贷资产支持证券在全国银行间债券市场成功发行并交易，标志着我国信贷资产证券化试点工作取得了阶段性成果，并为资产证券化进一步开展创造了条件。

一是初步建立了适合我国国情的信贷资产证券化政策框架。中国人民银行和中国银监会联合制定了《信贷资产证券化试点管理办法》；中国银监会制定了《金融机构信贷资产证券化试点监督管理办法》；财政部印发了《信贷资产证券化试点会计处理规定》；财政部和国家税务总局印发了

的作用。

2. 制度创新有利于金融监管水平的提高

2005年以来，中国人民银行在银行间市场的一系列制度建设中贯彻了市场化运作原则。

第一，强调投资风险由投资人自行判断、自行承担，在发行和交易方面弱化行政干预，市场能解决的问题由市场去解决，让行政部门从对发行人的实质判断中摆脱出来，真正做好制定市场运行规则和进行市场监督管理的“裁判员”角色。如在短期融资券的发行管理上采用了备案注册发行制度，对发行规模实行余额管理；简化公司债券交易流通审核程序，从事前审批改为核准制，提高了公司债券进入银行间债券市场交易流通的便捷性。

第二，重视强化和完善信息披露、信用评级等市场约束机制，加强了对发行人和相关中介机构的信息披露要求，以及对公司债券信用评级业务的规范，同时，促进资信评级机构、承销商等中介机构加强行业自律，切实防范风险，增强市场透明度，构建对发行人及相关中介机构的有效市场约束。

第三，加强市场基础设施建设也是确保金融市场稳定的重要方面之一。目前，银行间债券市场的交易主要依托于全国银行间同业拆借中心交易系统进行，债券托管结算则通过中央国债登记结算有限责任公司的簿记系统进行。2005年，中国人民银行组织、指导和推动两系统于10月实现了连接，初步实现了银行间债券市场债券交易结算的“直通式处理”，不但简化了原先的交易结算流程，减少了重复录入数据的操作，降低了手工操作风险，提高了市场运行效率，而且加强了对市场的实时监测及事前监控，完善了风险控制手段，有利于维护市场稳定，也为未来的产品创新提供了必要的技术平台。

（三）对外开放增强了金融市场稳定程度

自加入世界贸易组织以来，我国严格履行有关承诺，金融服务业对外开放程度逐年提高，外资金融机构在我国开展业务的地域范围与业务对象不断扩大，市场竞争氛围逐渐增强。对外开放增强了金融市场的稳定程度。

1. 对外开放

截至2005年底，有25家境外金融机构入股20家中资银行，投资总额近200亿美元，占国内银行总资本的15%左右，有32家境外机构获得合格境外机构投资者（QFII）资格，有40家外资保险公司获准在国内保险市场开展业务。

在有步骤、分阶段地履行加入世界贸易组织承诺的基础上，近年来，我国抓紧修订与完善有关法律制度与市场规则，采取措施加快金融市场对外开放步伐。2005 年 4 月与 5 月，泛亚基金和亚债中国基金先后获准进入银行间债券市场，这是继试行合格境外机构投资者制度后我国资本市场对外开放的一项新举措。2005 年 10 月，部分国际开发机构首次获准在我国境内发行人民币债券，表明我国金融市场的对外开放又迈出了重要一步。

2. 对外开放促进了金融稳定

金融市场对外开放程度的不断提高，不仅促进了金融市场的进一步发展，而且增强了金融市场的稳定程度。

首先，有利于促进我国金融市场的稳定、健康发展。从实际情况看，2005 年我国先后首次在金融市场中引入了外资的债券发行主体和交易主体，同时完善金融法律制度和监管体系，推进金融体系和机构改革。目前，中资金融机构竞争力逐渐增强，外资金融机构也在规范发展中成为我国金融体系的有机组成部分。从效果看，外资金融机构的进入加强了市场竞争，促使我国金融机构加快改革和提高服务效率，外资与中资金融机构的合资与合作也引进了先进的治理机制和成熟的经营管理经验。目前看来，我国金融市场正经受着逐渐对外开放的历练，积累了应对外来竞争与冲击的经验。金融市场正通过增强市场竞争、加快引进成熟金融市场技术与经验，促进我国金融体系的稳定、健康发展。

其次，有利于我国金融市场在加入世界贸易组织后过渡期的稳定运行。到 2005 年底，距加入世界贸易组织过渡期结束还有 1 年的时间，从我国金融市场发展实际情况来看，我国一直在有步骤、分阶段地开放金融市场，同时完善金融市场的制度建设，在扩大对外开放的同时，维护金融市场的稳定运行。截至 2005 年底，已批准的 QFII 机构达到 32 家，批准外汇投资额度 54.95 亿美元。截至 2005 年底，QFII 共持有证券资产近 300 亿元人民币，占总资产的 90%。这有利于进一步扩大对外开放力度，根据金融市场现实情况，实现加入世界贸易组织有关承诺内容，避免在过渡期结束后造成较大动荡的风险，增强金融市场的稳定性与抗风险能力。

最后，有利于完善金融市场自身的约束机制。金融市场的健康发展吸引了大量知名的外资中介机构，它们成为连接国内外金融市场的桥梁。外资中介机构的参与，一方面，既为我国市场主体顺利进行境外投资、上市融资等发挥了重要作用，又为国内金融市场借鉴国外成熟经验，建立与完善信息披露、信用评级等市场约束与激励机制提供了条件；另一方面，由此带来的竞争与合作也增强了国内中介服务机构的危机意识，有利于推动其积极吸收外国同行的先进经验与技术，加快提升自身竞争力与服务水平。

三、金融市场发展需关注的方面及改革措施

2005年，中国金融市场在创新中获得长足发展，总体运行平稳，融资结构进一步优化，为金融业持续、健康发展营造了稳定的市场环境。同时，需要关注以下几个方面，并积极采取措施，促进金融市场健康平稳发展。

一是融资结构不合理，直接融资与间接融资比例失调，间接融资比重过高。直接融资结构也不合理，主要的直接融资工具是股票，企业债发行规模很小，以企业信用为基础的普通公司债还没有发行。这种以间接融资为主的融资结构导致企业高负债运营，加剧银行资产负债期限不匹配，增加金融业对外开放的风险，导致银行承担一些本应由金融市场承担的风险，不利于提高金融宏观调控效率和新兴产业的发展。解决这一问题，须进一步优化社会融资结构，大力发展直接融资，尤其是企业债券市场，完善股票市场结构，培育机构投资者，促进金融市场的全面协调可持续发展。

二是金融产品种类与层次尚不够丰富，可选择的风险管理工具较为缺乏。近年来，商业银行“短存长贷”的信贷期限结构不匹配现象比较突出，存款来源短期化趋势明显，资金运用长期化趋势加剧。根据对我国8家主要商业银行存贷期限不匹配的调查，2005年底，一年期以内到期应支付存款与到期应收回贷款之比最高达4.05倍，一年期以上到期应收回贷款与到期应支付存款之比最高为4.82倍。商业银行存贷期限不匹配可能引发银行的流动性风险、利率风险和信贷风险。要化解存贷款期限不匹配风险，必须加快金融产品创新步伐，大力发展金融衍生产品市场。要积极研究并发展一些适合市场发展的金融衍生产品，增强商业银行管理利率风险和信贷风险的主动性，为其管理风险提供有效途径。

三是市场约束与激励机制尚未完全发挥作用。强化信用评级、信息披露等基本市场约束与激励机制，对于培育诚实守信、运作规范的市场主体具有极其重要的作用。我国金融改革的日益深入和金融市场的迅速发展对信用评级提出了新的要求，也为其发展提供了难得的机遇。我国信用评级行业仍处于发展的初级阶段，迫切需要不断加强和完善。要进一步提高信用评级机构的素质，建立科学、高质量的评价体系，构建有利于信用评级健康发展的市场环境。要进一步提高金融市场交易的信息披露质量，及时、准确地反映市场风险状况，维护市场运行机制的公平和透明。

四是部分市场法律法规不健全，相关监管制度需要进一步完善，金融市场生态环境需要进一步优化。要改革和完善市场准入、发行、交易等相关制度，

建设完备健全的法律法规和会计、审计、税收等基本制度，进一步优化金融生态环境，扩大对外开放。加强对金融市场运行的监测和对风险的前瞻性分析，不断提高监管主体的专业化水平，同时要加强金融市场监管的协调配合，促进市场主体规范运营。

（执笔：马贱阳、王　蔚、刘　颖、杨金梅、蔡国喜、
温建东、张甜甜、洪　波、王素珍）

第八章

中国建立存款保险制度的研究与设计

存款保险制度是市场经济体系中银行业的一项基础性制度安排，是国家金融安全网的重要组成部分。其基本要素包括：存款类金融机构按照规定的标准参加存款保险和缴纳保费；建立专门机构负责存款保险制度运行；当某一家存款类金融机构倒闭破产时，由存款保险机构按规定标准及时向存款人予以赔付并依法参与或组织清算。存款保险制度的核心在于通过建立市场化的风险补偿机制，合理分摊政府、股东和存款人因存款类金融机构倒闭而产生的财务损失，保护存款人的利益和提升社会公众对银行体系的信心，维护金融体系的稳定。目前，中国经济保持持续、快速、健康发展，银行体系稳健运行，法制、经济、监管环境日趋完善，建立存款保险制度的内部条件和外部环境已基本成熟。通过借鉴国际经验，抓紧时机建立适合中国国情的存款保险制度，具有十分重要的现实意义。

一、建立存款保险制度的必要性

长期以来，我国实行隐性全额存款担保，国家事实上承担了存款保险责任，对保护存款人利益、维护社会稳定发挥了重要作用。但随着市场经济的发展，其弊端日趋明显，特别是容易诱发道德风险，不利于金融长久稳定，应尽快转为显性的存款保险制度。

一是建立存款保险制度可以提高公众信心、避免存款挤提和系统性金融危机的发生。近年来，尽管我国没有经历金融风险的集中和大规模爆发，但中小金融机构的存款挤提事件仍时有发生，直接威胁到银行体系的稳健运行和社会稳定。建立存款保险制度，可以显著增强存款人信心，有效避免因个别金融机构倒闭或个别金融事件发生而引发存款挤提和系统性金融危机，维护金融稳定。

二是建立存款保险制度可以有效保护中小存款人的利益。目前，我国金融市场发展仍有待提高，金融产品还不够丰富，居民投资渠道单一，金融资产有限并以银行储蓄为主。建立存款保险制度，设定合理的存款保险赔付限额，可以确保广大中小存款人的利益，保证其在金融机构关闭时得到及时补偿。

三是科学设计的存款保险制度可以充分发挥市场约束作用，防范道德风险。目前我国实行的是国家隐性担保制度，金融机构关闭后由政府对自然人存款全额补偿，机构债务只能参加清算财产的分配。隐性担保不仅增加了国家的经济负担，而且弱化了市场约束，使金融机构对政府买单形成预期，引发了道德风险，同时还造成了自然人与机构债权人的不公平受偿。

建立显性存款保险制度，在银行股东、政府和存款人之间合理分摊银行经营失败的损失，不仅可以减轻政府负担，而且可以增强市场主体（特别是大额存款人）的风险意识，慎重选择存款机构和产品，关心和监督金融机构的经营状况，加强市场约束。实行强制存款保险，根据存款类金融机构的不同风险状况，采取差别保险费率，还可以约束高风险机构的风险承担行为，有效防范道德风险。

四是建立存款保险制度可以深化金融体制改革，促进金融机构平等竞争。我国金融机构以往多为国家所有，经营中一旦出了问题，政府需要承担较大责任。改革开放以来，随着金融改革不断深化，我国金融机构所有制结构日益多元化，国有商业银行相继引入境外战略投资者，城市商业银行和农村信用社中民间资本和外资比例也在显著提高。在社会主义市场经济体制下，各金融机构都是独立、自主经营的主体，平等参与市场竞争，如继续由国家承担金融机构经营失败的责任，在理论上已说不通。因此，在当前金融改革过程中，应通过建立存款保险这一市场化的金融风险补偿制度，改变存款人对国家信用的依赖，对问题机构进行市场化处置，进一步促进和深化银行业的市场化改革，并解决不同金融机构之间事实上的不平等竞争问题，促进中小银行健康发展，形成更加合理的存款金融机构体系。

五是建立存款保险制度是规范我国金融机构市场退出机制的需要。由于没有存款保险制度，长期以来我国金融机构市场退出多采取行政关闭方式。行政主导的风险处置虽然可以利用政府行政资源，帮助资产清收、追究相关责任、安置破产机构人员，但由于过多地使用强制性行政手段，不仅影响了市场机制自身对风险进行分散和转移作用的发挥，导致风险积聚以及投资人风险意识的弱化，在实际操作中使政府成为了矛盾的焦点。个人债务全额偿付，机构债务清偿比例过低等问题无法可依，导致金融机构关闭过程漫长，往往是退而不出，在很大程度上影响了金融稳定和社会稳定。建立存款保险制度，采取市场化的风险补偿机制，可以使问题金融机构顺利实现市场退出，并将其对金融体系的负面影响减少到最低程度。

六是建立存款保险制度具有现实紧迫性。2004 年 10 月，中国人民银行、财政部、中国银监会、中国证监会四部委联合发布了《个人债权及客户证券交易结算资金收购意见》（简称《收购意见》），虽然在个人债权处理方面作出了统一规范，保护了中小投资者权益，但并没有从根本上解决问题并因政策上的疏漏引发了道德风险。2006 年 1 月 27 日发布的《关于个人债权收购意见有关问题的补充通知》（简称《补充通知》），在一定程度上缓解了 2004 年 9 月 30 日以后因个人债权收购政策不明确所引发的矛盾和不稳定因素，但今后再遇到此类问题该如何处置，尚缺乏一个明确处置的长效机制。

近年来，国有商业银行、股份制商业银行、城市商业银行改革步伐加快，农村信用社改革已经基本完成，总体经营状况明显好转，为此，国家也投入了巨额资金。改革以后，这些金融机构能否真正走上良性循环的轨道，不仅取决于它们的内控机制和经营管理，而且取决于是否存在有利于其加强内部风险防范的外部环境和制度设计，而外部制度设计的重要环节就是建立存款保险制度。因此，尽快建立存款保险制度，对巩固银行业改革成果，最终实现金融改革的目标具有十分重要的意义。

二、加快建立存款保险制度建设的可行性

存款保险制度的有效运作需要一定的宏观经济环境、有效的金融监管和稳定的银行体系。目前，我国经济保持快速健康发展，银行体系稳健运行，法制、经济、监管环境日趋完善，建立存款保险制度的内部条件和外部环境已基本成熟。主要表现为：

一是金融法制体系逐步完善。《中国人民银行法》、《银行业监督管理法》、《商业银行法》、《公司法》、《担保法》等一系列法律法规，以及即将施行的新的《企业破产法》，均为存款保险制度的建立和运行提供了有力的法律支撑。

二是近年来我国宏观经济保持快速健康发展，金融体系运行平稳，为存款保险制度的建立提供了良好的宏观环境。经济发展是有周期的，在经济周期的不同阶段建立存款保险制度的成本和效果不同。如在金融危机时建立存款保险制度，成本较高，设计不当也容易加剧危机。由于存款保险制度运行需要一个资金的积累过程，部分成本需要由银行业承担，因此，经济向好时期往往是建立存款保险制度的有利时机。一旦经济紧缩出现大量问题银行时再考虑建立存款保险制度，就为时已晚。届时，出于维护社会稳定的考虑，制度建立的成本将是巨大的。

三是包括国有商业银行、农村信用社在内的银行业改革逐步深化并取得显著效果，历史包袱得以清理，为建立存款保险制度奠定了良好的内在基础。国有商业银行在注资和重组后，逐步建立起规范的公司治理结构，财务指标、资产质量明显改善，内控制度不断完善；部分股份制商业银行已经上市；城市商业银行和信用社正在进行重组；农村信用社改革全面铺开，经营状况进一步好转。总体来看，存款类金融机构的问题正在逐步得到解决，目前已不存在系统性金融风险。

四是中国银行业会计准则不断改进并与国际接轨，银行机构的会计处理得到规范，会计报告趋于真实，信息披露质量和透明度得到提高。资本市场对促进上市银行审慎经营发挥了积极作用。目前，交通银行、建设银行和中国银行已先后在香港上市，工商银行股份制改造后也将在国际资本市场上市，执行国际会计准则和金融监管标准。国内上市银行也随着国内资本市场的完善，在会计准则、信息披露方面受到更强的约束。

五是监管制度逐步完善，一些新的监管理念和模式得到引进，监管手段趋于规范，推动商业银行充实资本，建立和完善治理结构，加强风险管理，金融安全网开始部分发挥作用。

国际经验表明，各国的存款保险制度通常都是在银行发生危机后或银行重组基本完成、经济环境相对稳定时建立的，同时还需要加强各项配套制度建设。从总体上看，我国建立存款保险制度的条件已基本具备。

三、存款保险制度建设中应重点研究的几个方面

中国政府高度重视维护金融稳定和保护存款人权益问题，积极组织力量研究建立存款保险制度。1993 年《国务院关于金融体制改革的决定》首次提出“要建立存款保险基金，保障社会公众利益”；2006 年，十届全国人大第四次会议通过的《中华人民共和国国民经济和社会发展第十一个五年规划纲要》再次明确提出“规范金融机构市场退出机制，建立相应的存款保险、投资者保护和保险保障制度”。为更好地落实政府规划，在存款保险制度建设过程中应重点研究以下几方面问题。

（一）存款保险机构的职能

存款保险机构按其履行的职能可区分为“广义”和“狭义”两种类型。“狭义”的存款保险机构是指“付款箱”（Pay-box）式的存款保险机构，仅在金融机构倒闭后对存款人给予赔偿。“广义”的存款保险机构在具备基本“付款箱”功能的基础上，还秉承“成本最小”原则和“风险最小化”原则，负责存款保险基金的征收、赔付和运用，拥有对投保金融机构缴纳保费、损失情况以及相应的风险状况进行管理的基本权利，并参加问题金融机构的撤销、破产清算等工作。

在“付款箱”模式下，存款保险机构仅负责事后买单，监管机构可能会容忍并延迟问题金融机构的关闭时机，易引发道德风险。因此，当今世界上许多国家和地区正在逐步扩充存款保险机构的管理权力。比如，加拿大、哥伦比

亚存款保险机构在1967年、1985年成立时均为“付款箱”模式，自1987年、1998年起则分别开始履行广义的存款保险职能。

就我国的情况来看，虽然当前银行业整体运行平稳，但潜在的金融风险仍不可忽视，特别是一些中小金融机构抗风险能力弱。因此，大多数业内人士认为我国存款保险机构从保护存款人利益出发，应可以获得与其履行职能相匹配的一些职权，当发现某个金融机构运行中出现问题时，包括对保费的缴纳弄虚作假，可采取必要的早期纠正措施，这对减少存款保险机构自身损失，促使金融风险最小化是非常重要的。

（二）存款保险的成员资格

存款保险制度按照其成员加入的资格，可区分为强制保险和自愿保险两种模式。强制保险是指在法律规定范围内的存款类金融机构均应依法参加存款保险，缴纳存款保险费，成为投保金融机构。自愿保险是指存款类金融机构可自愿选择是否参加存款保险。

据世界银行统计，在全球实行存款保险制度的国家和地区中90%以上均实行强制保险，只有少数几个国家实行自愿保险。强制保险的好处在于可以避免逆向选择，并发挥同业监督这一基本市场纪律的力量。

中国各存款类金融机构尽管管理水平、资产规模、资本充足率相差很大，但为防止出现逆向选择和实现公平竞争，有必要实行强制型保险。大部分专家学者认为，所有存款类金融机构（包括境内国有商业银行、股份制商业银行、城市商业银行、合作银行、城市信用社、农村信用社和邮政储蓄银行等）都应该参加存款保险计划。对于强制型存款保险所可能产生的“劫富济贫”现象（即低风险银行所缴纳的保费用于弥补高风险银行），可以通过对各投保金融机构征收风险差别保费的办法来加以规避。

（三）存款保险的基金来源

存款保险基金主要来源于投保金融机构缴纳的存款保险费，方式分为事前融资和事后筹资两类。由于事后筹资具有较大的不确定性，也不利于建立存款保险机构的公信力，绝大部分国家和地区的存款保险制度均采用事前融资，建立专门的存款保险基金。

从长远看，我国建立存款保险制度的基金也应该主要来源于投保金融机构缴纳的存款保险费，以及从投保金融机构清算财产中的受偿所得。目前我国银行业改革尚未最终完成，各类存款类金融机构历史包袱较重，大多数专家认为我国存款保险基金建立初期保费收取不宜过高，在过渡阶段可采取国家特别融资的方式落实存款保险的资金来源。

（四）最高赔付限额

按照受保险存款的保护程度区分，可分为全额保险和限额保险两种形式。全额保险是指当金融机构倒闭时对存款人的存款予以全部赔偿；限额保险是指当金融机构倒闭时仅对存款人在一定金额内的存款给予赔偿。保险限额的确定一般应遵循充分保护绝大多数中小存款人利益这一基本原则。

国际经验表明，全额保险既增加国家的经济负担，也弱化了投资者的风险意识和对风险机构应有的市场约束，易引发道德风险。因此，国际上通行的做法是将全额保险作为应付金融危机的一种过渡性安排。

中国人民银行2005年调查显示，存款在5万元以下、10万元以下、20万元以下、50万元以下四个区间内存款账户户数占全部存款账户的比例分别为96.18%、98.32%、99.32%、99.70%；其存款金额占全部调查存款账户金额的比例分别为20.54%、29.47%、37.61%、46.08%。这一调查结果将对我国在存款保险制度建设中合理确定赔付限额提供重要的参考依据。

（五）费率制度安排

费率制度安排通常采用两种方式：单一费率和风险差别费率。单一费率是指对所有的受保金融机构按相同的费率征收保费。风险差别费率则是指根据参保机构的风险状况确定其适用的费率，风险越大的机构适用费率越高。单一费率简单易行，但道德风险大，易产生高风险机构的逆向选择。风险差别费率避免了单一费率体制下低风险机构对高风险机构的补贴，更有利于约束高风险金融机构的风险承担行为，也更容易为受保金融机构所接受。

自20世纪90年代初期以来，采用风险差别费率的国家和地区明显增加。随着存款保险制度的发展，许多采用单一费率体制的国家和地区均已过渡为风险差别费率体制。1995年，全球仅有美国采取了风险差别费率，但到2003年，采取该种费率制度的国家和地区已达24个。

有效实施风险差别费率体制需要较多的配套措施，而且设计一个最优的、根据风险状况变动的费率标准是十分困难的。专家普遍认为根据我国的实际情况，在建立存款保险制度初期，可主要根据投保金融机构的资产规模及资本充足率实行简单的差别费率，以利于形成正向激励机制，起到一定的辅助监管作用。待条件成熟后，逐步过渡到基于风险评级的差别费率。

专栏14：存款保险制度建设的国际经验

显性存款保险制度建立迄今已70多年。70多年来，显性存款保险制度在保障一国金融安全、维护金融稳定方面所发挥的作用已经越来越被世界各国政府和金融监管部门所认同。

存款保险制度的建立

美国是世界上最早建立显性存款保险制度的国家，1933年的银行业危机促使美国建立了统一的显性存款保险制度。至20世纪60年代末，共有9个国家建立了显性存款保险制度。20世纪80年代至90年代世界上不少国家爆发了较为严重的银行危机和金融危机，为处置金融风险、维护金融稳定，其中大部分国家的政府或金融监管部门纷纷建立或考虑建立显性存款保险制度，全球显性存款保险制度的建立进入了快速发展阶段。尽管存款保险的作用仍然存在理论上的争议，但由隐性存款保险制度向显性存款保险制度转变已逐渐成为国际趋势。截至2006年6月，全球共有95个国家和地区建立了显性存款保险制度，此外，还有20个国家正在研究、计划或准备实施①。已经实施存款保险制度的国家，非洲8个，亚洲25个，欧洲42个，美洲20个。

存款保险制度的目标及内容

各国建立显性存款保险制度的目标虽不尽相同，但其基本目标可大致归纳为：（1）保护大多数小额存款人的利益；（2）通过建立对问题银行的规范性处置规则，避免危机的扩大和传播；（3）提高公众对金融体系的信心，保证银行系统的稳定并进而增加储蓄、促进经济增长。

在存款保险的管理机制上，大多数国家都由政府建立和管理。截至2003年底，有51个国家的存款保险机构是政府机构；有11个是民间机构；还有22个是混合形式的机构。据统计，至2001年，世界各国存款保险机构由中央银行管理的有22家，由银行监管机构管理的有10家，由财政部管理的有11家，独立的机构有29家②。

在资金来源上，大多数国家由政府部门和商业银行提供。根据国际货币基金组织的有关统计，由政府提供资金来源的占1.25%，由商业银行

① "*Listing of Countries with a Deposit Insurance System*", Deposit Insurance Systems in the World, http://www.iadi.org.

② *Deposit Insurance Actual and Good Practices*, Gillian G. H. Garcia, 2001.

自身提供资金来源的占36.25%，由政府和商业银行共同提供资金来源的占61.25%。

在保险范围上，因各国实际情况不同，保险目的不同，所确定的范围也不尽相同。一般来讲，受保存款的范围包括活期和定期存款，大部分国家都不包括同业存款和内部人存款，但美国、加拿大和12个较低收入的国家如泰国、菲律宾、肯尼亚等却对银行间存款也予以保险。76%的国家对外币存款也予以保险。

在保险限额上，大多数国家以覆盖90%以上的存款人为设计目标。调查显示，人均国民收入低的国家或地区的承保额要高于人均国民收入高的国家或地区的承保额，世界各国的平均承保额大约相当于人均GDP的2.4倍。最高平均数在中东，最低在欧洲①。

在费率设计上，主要采取两种模式：单一费率和风险差别费率。世界银行调查显示，低收入国家的保费通常都不是基于风险评级可以调节的，在其他国家中，基于风险的费率体制也不是很普遍，大约有23%的国家采取了该制度。保费收取基数在不同国家各不相同。通常以存款或承保存款为基数进行计算。

长期以来，存款保险制度的实施为化解金融风险、增强人们对银行业的信心和维护金融稳定发挥了积极的作用，但该制度所可能带来的道德风险和逆向选择问题，却一直困扰着市场经济国家，并阻碍了各国加速建立显性存款保险制度的步伐。在存款保险制度经过多次金融危机的考验后，人们逐渐意识到设计良好的存款保险制度有利于金融体系的稳定，而良好的存款保险制度必须建立在有着完善的法律框架、符合国际标准的会计制度、健全而强有力的银行监管体系、规范的信息披露制度以及公众普遍接受金融安全知识教育的经济环境基础之上。

存款保险制度的发展趋势

存款保险体系逐渐统一。随着金融深化和混业经营的发展，多套存款保险体系或投资者保护制度的并存被认为会潜在地导致保费征收上的差异和竞争上的不平等，并会增大市场防范金融风险的成本。因此，建立一个统一的存款保险体系或投资者保护制度已成为一些拥有多套存款保险体系或投资者保护制度国家的未来发展方向。美国在2006年的改革法案中已将BIF和SAIF合并。韩国的存款保险公司不仅赔付银行、信用合作社及

① *Deposit Insurance Actual and Good Practices*, Gillian G. H. Garcia, 2001.

共同储蓄和财务公司的存款，而且还负责赔偿证券公司和保险公司的损失。英国的金融服务补偿计划不仅赔偿存款损失，而且还赔偿保险单损失、保险经纪损失、投资业务和抵押贷款损失。

存款保险机构趋于由政府主办。存款保险制度的发展历程表明，由政府出资并通过收费而建立的存款保险机构有较大的权威性和强大的国家信誉，筹措资金的渠道较私人机构宽泛，能够给存款人以安全感，并能及时解决私人存款保险机构所不能提供的即时流动性问题，在维护金融稳定方面发挥着重要的作用。据资料显示，90%的存款保险机构均由政府主导运作。

存款保险机构的职能更趋综合性。作为金融安全网的重要组成部分，存款保险制度的发展已经受到世界各国政府及金融监管部门的重视。越来越多的国家认识到仅靠金融监管难以消除导致银行破产的所有风险，银行监管机构往往会出现监管不足或监管宽容，尤其在金融创新过程中会出现监管真空。而且，存款保险机构仅具有"付款箱"职能还会产生一定的道德风险，在一定程度上增加了防范金融风险的难度。因此，各国政府和金融监管部门开始逐步扩大存款保险机构处置风险的能力，赋予存款保险机构与其履行职能相匹配的职权。如爱尔兰、菲律宾、日本和美国等国家的存款保险机构就有一定的监管职权。存款保险在历经"付款箱"，"成本最小"原则或"风险最小化"原则的职能演变后，正逐步向三者合一的综合性职能发展。

由单一费率向差别费率转变。各国和地区在建立存款保险制度初期大都采用单一费率制度，如美国、加拿大以及新近成立存款保险机构的马来西亚、新加坡和中国香港特别行政区。单一费率制度计算方法简单，且易于管理，但也容易产生道德风险。而按照风险评级制定的风险差别费率制度则能更准确反映银行承受风险的状况，使风险与收益相匹配，从而有效防范道德风险，约束银行的风险行为，督促银行审慎经营。因此，各国和地区在实施一定时期的单一费率制后纷纷考虑向风险调整的差别费率制转变，以提高存款保险的激励相容性。

（执笔：王聪、刘勤、胡平、颜海波）

第九章

支付体系

支付体系是一国金融体系的核心基础设施，涵盖由商业银行和中央银行发起并转移货币债权的全部制度性和基础设施安排及过程，由支付工具、支付系统、支付服务组织和支付体系监管四个要素组成。支付体系的安全、高效运行与货币政策、金融稳定和整个经济发展密切相关。作为货币政策的制定者和金融稳定的维护者，同时又是支付结算服务的提供者、支付体系的监管者以及现代化支付系统的运营者，中国人民银行十分重视支付体系的风险管理，监测支付体系的发展，评估支付体系对中央银行实施货币政策进行相关交易的影响，分析支付体系对金融市场效率和金融稳定的影响，控制金融风险通过支付体系传递的可能性，建设安全高效的支付体系，维护公众对货币及其转移机制的信心。

一、支付体系发展状况

2005 年，中国人民银行继续以构建安全高效的支付体系为目标，兼顾业务、技术和地域经济等各方面需求，加快支付系统以及灾备系统建设，鼓励非现金支付工具的推广和创新，促进支付服务市场的多样化发展，加强银行结算账户管理，不断完善支付规章制度，努力防范支付体系风险，推动中国支付体系发展。

一是现代化支付系统建设取得重大进展。2005 年 6 月，大额实时支付系统（简称大额支付系统）全面取代了电子联行系统[①]，圆满完成在全国的推广应用，各政策性银行、中外资商业银行和绝大部分农村信用社接入大额支付系统，标志着我国以现代化支付系统为核心、商业银行行内系统为基础、其他支付系统为补充的支付清算网络体系基本形成。大额支付系统直接连接1 500多家金融机构，涉及的分支机构达 6 万多个，日均处理跨行汇划业务 42.5 万笔、金额5 666亿元，实现了全国跨行资金的实时结算，功能和效率达到了国际先进水平。小额批量支付系统（简称小额支付系统）于 2005 年 11 月在天津、福建试点运行成功，为社会提供低成本、大业务量的公共支付服务。

二是非现金支付工具发展迅速。2005 年，银行卡发卡总量达到 9.6 亿张，比 2004 年增加近 1.91 亿张，增长 24.8%；银行卡交易 88 亿笔，交易金额 47 万亿元。截至 2005 年底，境外受理人民币银行卡的国家和地区近 20 个。持卡消费额占社会消费品零售总额的比重从 2001 年的 2.1% 上升到 2005 年的 10%

---

① 电子联行系统是基于卫星网络、覆盖全国范围的电子汇兑系统，长期以来对提供跨行支付清算服务发挥了重要作用。但是，该系统功能比较单一，汇划效率不高，很难适应经济金融发展的新形势，迫切需要建设一个更加高效、安全、功能齐全并能支撑各种支付工具应用的现代化支付系统。

左右。票据融资业务快速发展，全年银行汇票累计签发70万亿元，商业汇票累计签发4.45万亿元，累计贴现6.75万亿元。

为推广普及银行卡，完善非现金支付工具体系，维护公众对银行卡支付机制的信心，中国人民银行不断加大对银行卡产业的支持力度。2005年4月，中国人民银行会同有关部门联合发布《关于促进银行卡产业发展的若干意见》，全面系统地提出了促进我国银行卡产业发展的政策措施。

三是银行结算账户管理提高到了一个新的水平。银行结算账户是社会资金运动的起点和终点。人民币银行账户管理系统于2005年6月推广至全国所有银行业金融机构。截至2005年底，通过账户管理系统清理核实和新开立单位银行结算账户近2 000万户，申报个人银行结算账户16亿户，为规范管理银行结算账户，防止利用银行账户进行洗钱、诈骗等违法犯罪行为提供了现代化手段。

四是支付清算组织管理逐步走向规范。为满足消费者日益增长的支付需求，越来越多的非金融机构企业法人进入支付服务领域，其提供的服务逐步成为传统支付服务市场的重要补充。同时，非金融机构企业法人提供支付的安全性、可靠性影响着公众利益及其对国家货币转移体制的信心，蕴涵着对金融稳定的影响。为维护社会公众利益，促进金融稳定，中国人民银行积极研究拟定支付清算组织管理办法，对其进行规范与管理，推动支付服务市场的有序发展。

五是圆满完成中央银行会计集中核算系统在全国的推广工作。会计集中核算系统作为大额支付系统推广运行的重要基础，于2005年4月底圆满完成全国推广任务，加强了内部控制，完善了会计核算流程，提高了核算质量和效率，减少了会计核算风险点，为大额支付系统的最终结算提供了坚实的基础。

二、支付体系风险管理

支付体系是支持经济金融运行和维护金融稳定的核心基础设施，支付风险一旦发生，很可能会产生“多米诺”骨牌效应，引起整个金融体系的连锁反应，损害公众对货币的信心。中国人民银行十分重视支付体系的风险管理，通过完善支付系统运行维护的组织体系、加强支付制度建设与业务管理、健全支付系统危机处置与灾难备份等举措，不断促进安全高效支付体系的建设与发展，维护金融稳定。

（一）完善支付系统运行维护的组织体系

为确保支付系统的安全稳定运行，中国人民银行一直致力于建立科学、高效的支付系统运行维护机制。2005年中国人民银行批准省会（首府）城市中心支行设立清算中心，负责支付系统城市处理中心的日常运行和维护，为支付系统的统一运行维护提供了组织保证。

（二）支付制度建设与业务管理

网上支付、移动支付等创新支付工具和方式发展迅速，对满足消费者多样化的支付服务需求发挥了积极作用。与传统支付工具相比，创新支付工具在业务流程、成本结构、风险防范、责任界定等方面有其特殊性，但与此相关的法规制度一直处于空白。为防范支付风险，维护电子支付参与者的合法权益，确保电子交易资金的安全，中国人民银行于2005年10月发布了《电子支付指引（第一号）》，填补了我国在这方面的制度空白。

为防范金融风险，中国人民银行对支付系统进行了科学的设计和安排，制定并实施了一系列切实可行的措施。一是大额支付系统采用国际上流行的RTGS机制，在提高结算效率的同时，有效控制信用风险。二是通过连接大额支付系统与中央债券综合业务系统，实现债券交易和中央银行公开市场业务的DVP结算，消除因付款和资产交割之间存在时间差而产生的结算风险。三是于2006年5月8日启动了支付系统自动质押融资①机制，为参与者流动性管理提供便利，降低了流动性风险。四是在小额支付系统的设计上，采用对直接参与者设置净借记限额②的风险控制机制，防范信用风险。

（三）支付系统危机处置与灾难备份

为提高支付系统应对突发事件的能力，防范支付风险，中国人民银行开发建设了大额支付系统应急灾难备份系统，并先后发布实施了《支付清算系统危机处置预案》以及《人民币银行结算账户管理系统应急预案》，初步建立了现代化支付系统、会计集中核算系统和银行账户管理系统应急机制，提高了支付系统的风险防范能力。此外，中国人民银行于2005年9月成功实施了大额支付系统国家处理中心与应急备份中心之间的应急切换演练，标志着支付系统应急管理工作取得阶段性成果。

---

① 自动质押融资是指银行业金融机构在支付系统清算账户日间头寸不足时，通过自动质押融资系统向中国人民银行质押债券融入资金弥补头寸，待资金归还后将质押债券自动解押的行为。自动质押融资是各国中央银行向支付清算系统提供融资便利普遍采用的一种机制，是提高支付清算效率、防范流动性风险的重要措施。

② 净借记限额由授信额度、抵押品和清算账户圈存资金组成。授信额度是中国人民银行对资信状况较好的直接参与者授予的信用额度。抵押品是直接参与者提供的流动性较强的优质资产。圈存资金是直接参与者为保证小额支付业务的清算而提供的现金担保，是在直接参与者清算账户中冻结的一部分资金。

三、支付体系的发展和完善

我国《国民经济和社会发展第十一个五年规划纲要》明确提出要“完善支付结算体系，提高支付清算效率”。为实现这一目标，满足经济金融发展和金融稳定对支付体系的要求，中国人民银行将加快现代化支付体系建设，推进全国票据交换系统建设工作，完善支付法律法规，建立科学规范的支付信息分析体系。

一是加快现代化支付系统灾难备份系统的建设，通过建立支付风险预警监测机制以及健全信息反馈和报告制度，完善支付系统应急机制，不断提高系统应对突发事件的快速应急能力，确保支付系统的安全稳定运行。

二是进一步推进全国票据交换系统建设工作。电子支付工具发展非常迅速，但支票仍然是目前使用量最大的支付工具之一，在相当长时间内仍将在我国经济社会生活中发挥重要作用。长期以来，支票基本上只能在同城范围内使用。随着经济金融的快速发展及经济区域化趋势的增强，支票跨行政区域使用的需求越来越迫切。中国人民银行将推进全国跨地区票据交换系统建设工作，进一步拓宽票据使用范围，提高资金使用效率，促进区域及区域间经济发展。

三是继续完善支付法律法规。完成《票据法》的修订工作，尽快出台《银行卡条例》和《支付清算组织管理办法》，规范支付行为，增强监管透明度，防范支付风险。

四是建立科学规范的支付信息分析体系。启动支付管理信息系统和业务监控系统的建设，采集支付系统数据信息。在2005年建立支付业务报表体系的基础上，尽快建立科学规范的支付信息分析体系，加强支付信息分析研究，为货币政策、支付体系监管提供决策依据，维护金融稳定。

支付体系的发展是一个持续而复杂的动态过程。科技进步、金融市场融合、司法框架、市场竞争等因素，尤其是金融市场对支付结算效率和安全性的要求，一直是推动支付体系发展与变革的主导因素。中国人民银行将继续关注支付体系的相关领域变化，致力于防范支付风险，研究解决大额支付系统与证券结算系统的协调发展[①]、结算最终性的法律确认[②]等重要问题，促进我国支付体系的长期健康发展，维护金融稳定。

专栏15：国外金融稳定报告关注支付体系建设

支付系统是支撑各种支付工具应用和资金运行的通道，其安全性和效率性直接关系到整个金融体系的有效运转，为此国外金融稳定报告非常关注其支付体系状况。瑞典、韩国和英国的金融稳定报告提供了很好的例证。

由于瑞典中央银行在支付体系中的核心作用，瑞典国会授权瑞典中央银行负责支付体系的安全高效运行。瑞典支付体系的主体是瑞典中央银行和各商业银行。瑞典中央银行认为，如果金融基础设施能有效发挥作用，那么就可以减少这些设施相互之间传播不利影响。瑞典中央银行监测金融基础设施的运行，以便掌握可能通过支付体系传播风险的结构性弱点。瑞典中央银行2006年5月发布的金融稳定报告描述了瑞典支付体系的现状。瑞典的重要支付系统有Rix、VPC、斯德哥尔摩证券交易所衍生产品结算中心和BGC。瑞典中央银行对重要支付系统的年度评估表明这些系统较好地符合了国际标准。但在关于透明度和常规检查方面，支付系统的某些参与者还有一些问题。

韩国中央银行2006年4月发布的金融稳定报告描述了韩国支付体系的最新发展。韩国支付系统在现代经济中发挥了越来越大的作用。2005年，通过非现金支付工具进行的日结算笔数比上年增加了9.9%，交易金额增加了10.7%，其主要原因在于包括韩国银行金融结算网络（BOK－Wire）和电子零售清算系统在内的支付系统的集中应用。韩国也非常重视支付系统的监测和评估。2005年，韩国银行对7个系统性重要支付系统

---

① 国际清算银行的最新研究指出，为了金融体系的安全和效率，一个国家的大额支付系统与证券结算系统应协调发展。之所以这样提的一个重要原因是，大额支付系统与证券系统是相互依存的关系。具体来说，证券系统中的资金结算借助于大额支付系统，可有效实现DVP，以防范支付风险；同时，为降低流动性风险，大额支付系统通常根据参与者的质押品为其提供流动性支持，这时就需要证券系统提供支持。我国目前的现状是，中央债券综合业务系统（CBGS）已实现了与大额支付系统的对接，而股票交易所证券结算系统由于各种原因目前还处于研究如何接入的阶段。

② 为防范风险，在支付安排中，支付指令只要进入轧差或结算程序，就是不可撤销的，即具有最终性。然而，按照零点法则，如果某家银行破产，那么宣布破产当日该银行所有进入支付系统的交易将被认定为无效。这样结算的最终性无法得到确保，有引发系统性风险的可能。因此，大多数国家的做法是，在零点法则（各国破产法中的一项规定，即宣布破产的机构在宣布破产当日零点之后的任何交易都视为无效）中增加相应的豁免条款，以确保结算的最终性。我国也将参照国际通行做法，使结算的最终性能够得到法律保障。

（SIPSs，包括BOK－Wire）和9个重要支付系统（PIPSs，包括银行汇划转账系统Giro System）进行了评估。对SIPSs的评估侧重于针对在上年评估基础上发现的弱点所采取的措施。至于PIPSs，2005年是第一次对它们进行全面评估。结果显示，这些系统符合安全与效率的国际标准。在法律方面，韩国也充分考虑了支付系统的某些技术特征，例如，韩国银行在2006年4月生效的《借款人拯救和破产法》中增加了一个条款，保证通过中央银行运营的支付系统进行的结算具有最终性。

英格兰银行的金融稳定报告一直非常关注英国支付体系的运行。英国金融机构运行主要依赖四个支付系统：CHAPS（英国大额支付系统）、CLS、CREST（英国证券清算系统）和LCH. Clearnet Ltd（英国的衍生产品和现金市场结算中心）。通过这些系统进行的交易金额非常巨大。2005年通过CREST进行的平均日交易额达3 000亿英镑，通过CHAPS进行的平均日交易额接近2 100亿英镑。以上交易系统为英国金融机构提供了便利，同时也有利于减少交易风险。例如，LCH. Clearnet Ltd通过介入买卖双方的交易而减少了交易对手风险，CHAPS通过实现全额实时支付而使交易主体避免了信用风险，CLS和CREST使交易主体免受交易时间不匹配带来的结算风险。英国金融机构间的支付、清算和结算高度依赖于这些支付系统，四个系统中任何一个中断运转都会带来巨大的系统性影响，这是英国金融体系运营风险的一个重要潜在来源。英格兰银行认为本国的支付基础设施及其参与主体运行稳健，并建立了相应的应急预案来应对可能发生的运营问题。为了有效化解整个系统内的运营风险，英格兰银行2006年7月发布的金融稳定报告认为应该加强以下方面的工作：一是加强市场参与主体对支付体系应急预案及其对经济金融影响的了解；二是应明确有关当局在支付体系出现问题时应该采取的措施，包括对国内机构和系统应采取的措施和与国外机构和当局的协调政策与措施；三是确保私营部门的有关应急工作要彼此兼容、相互支持。

（执笔：谭静蕙、梁静、洪波、张甜甜、王素珍）

附录一

银行业稳定状况定量分析：以16家商业银行为例

为监控金融体系的稳健性和发展，分析金融部门和宏观经济之间的联系，估计货币和金融政策各个方面的有效性，并促进核心金融政策领域的协调与国际合作，一些机构日益关注进一步开发金融部门分析和评估的工具与方法。1999年，世界银行和国际货币基金组织联合发起金融部门评估规划（FSAP）。FSAP的目标是对稳定和发展问题进行一体化分析，所使用的分析工具和技术包括四个方面：一是宏观审慎分析，包括压力测试、金融稳健性指标分析以及宏观金融联系分析；二是金融部门结构分析，包括分析效率、竞争、集中度、流动性和市场准入；三是对金融部门的相关国际标准、准则、良好实践的评估；四是根据各国国情，分析稳定和发展方面的具体问题。

对中国金融体系的稳定性进行全面分析和评估，是正确判断金融形势、及时化解金融风险、有效维护金融稳定的重要基础性工作之一。FSAP的分析框架对于我国金融体系的稳定性分析具有重要的参考意义。本附录尝试运用FSAP的基本思路对我国银行业稳定状况进行数量分析。我国对金融体系稳定性进行数量分析起步较晚，也面临着多数国家所面临的缺乏足够数据以及相关实证模型的实际挑战。

资产规模较大的银行的风险变化状况是各国金融稳定监测分析的重点内容。对于资产份额占整个金融业全部资产68%左右的16家商业银行[①]进行定量分析，是我们利用FSAP分析框架加强金融稳定分析的一个初步尝试。通过综合考察16家商业银行的盈利能力、资产结构与质量以及流动性及资本充足率方面的主要变化，来反映这些机构御险能力的变化情况。

一、盈利能力分析

银行业运行的稳健程度明显提高。2005年，16家商业银行的整体利润水平较2004年有大幅提高，收入结构得到进一步优化，境内业务利润大幅提高。全年实现拨备前利润2 573亿元，比上年增加470.20亿元，增长22.36%；拨备前资本利润率为26.10%，其中工商银行、农业银行、中国银行、建设银行（简称四大银行）为23.73%，股份制商业银行为36.42%。

2005年，投资收益增加是推动16家商业银行境内业务收入增长的主要动力，这一点在四大银行表现得尤为明显。银行仍然需要大力发展中间业务，以便创造更加稳定的收入来源，降低经营风险。

① 16家商业银行包括四大银行（工商银行、农业银行、中国银行、建设银行）和12家股份制商业银行（交通银行、中信银行、光大银行、华夏银行、广东发展银行、深圳发展银行、招商银行、上海浦东发展银行、兴业银行、中国民生银行、恒丰银行、浙商银行）。

（一）资本利润率①

2005 年，16 家商业银行境内业务更趋稳健，整体资本利润率（ROE）比上年提高 0.24 个百分点，达到 26.10%（附表 1 – 1）。

附表 1 – 1　16 家商业银行 ROE 分解项目简表

单位：%

	边际利润率		风险收益率		业务风险水平		财务杠杆		ROE	
	2004	2005	2004	2005	2004	2005	2004	2005	2004	2005
16 家商业银行	13.25	13.63	13.44	14.56	58.09	55.04	2 500.06	2 389.35	25.86	26.10
四大银行	12.32	12.09	14.48	16.09	56.55	53.44	2 405.93	2 283.25	24.26	23.73
股份制商业银行	17.75	21.36	9.99	9.87	63.93	60.61	2 933.67	2 850.55	33.11	36.42

数据来源：中国人民银行。

银行资本利润率比上年提高的主要原因是银行风险管理水平上升，使得风险收益率比上年上升 1.12 个百分点。附表 1 – 1 还显示，16 家商业银行的业务风险水平和财务风险有所下降，经营的稳健程度得到提高。

附图 1 – 1 显示，2005 年 16 家商业银行中，多数银行的边际利润率或风险收益率都高于上年水平，多数银行的业务风险水平有所下降。但是该图也显示，多数银行的财务风险上升，这表明，相对于所有者权益，以存款为主的负债（从而资产）增长更为迅速。

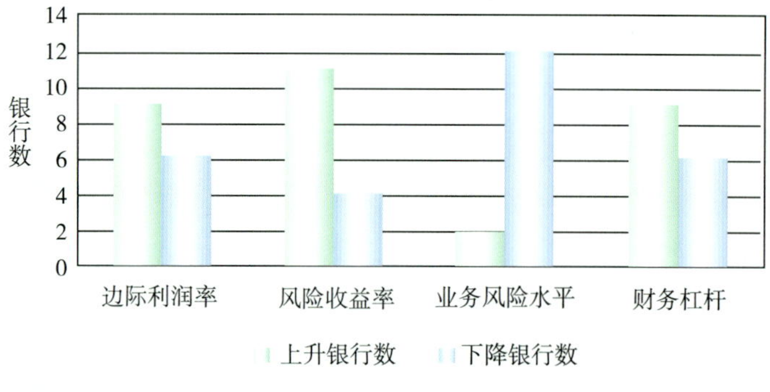

附图 1 – 1　16 家商业银行 ROE 分解项目变化状况

数据来源：中国人民银行。

① 本节分析使用的数据源为商业银行上报中国人民银行的未经审计的数据，与经审计数据可能存在差异，因此使用这些数据计算的相关财务指标也可能会与商业银行年报中披露的数据略有出入。

附图 1－2 按照四大银行和股份制银行两个群组，描述了 16 家商业银行 2004～2005 年间 ROE 各个分解项目的波动状况。图中纵轴表示相应项目与 2004 年同期相比的变化幅度。

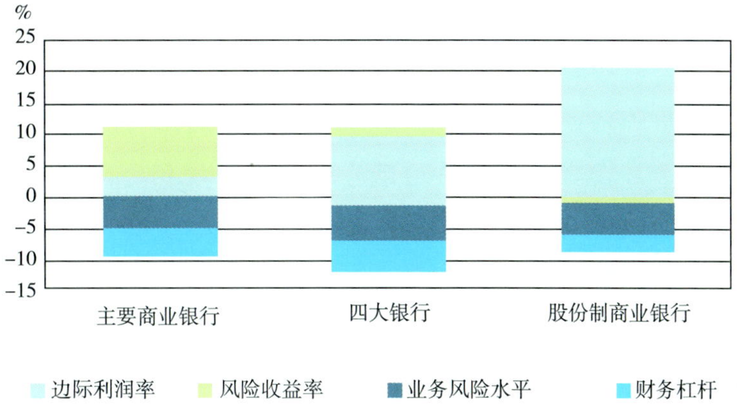

附图 1－2　16 家商业银行 ROE 分解项目波动状况

数据来源：中国人民银行。

对 ROE 分解项目的分析显示，四大银行的风险收益率大幅提高，但边际利润率略有下降；股份制商业银行的边际利润率大幅提高，但风险收益率略有下降；16 家主要商业银行的业务风险水平和财务风险有所下降。

工商银行、中国银行、建设银行的改革使四大银行整体的财务风险大幅降低，但四大银行的边际利润率仍低于 16 家商业银行的整体水平，因此，四大银行今后仍需进一步提高效率。各家股份制商业银行的边际利润率、业务风险水平和财务杠杆都比较高，但风险收益率较低，因此，这些机构需要提高风险管理水平，并采取多种措施充实资本，通过提高风险收益率和降低财务风险增强经营的稳健性。

专栏 16：资本利润率的分解分析方法

银行的盈利能力同银行经营的稳健程度息息相关。银行的利润既可以用于冲销损失，又可以充实资本，增强银行未来的御险能力。因此，银行的盈利能力是反映金融稳定情况的重要指标之一。

资本利润率（ROE）是衡量盈利能力高低的重要指标，但对银行来说，ROE 的变化不仅受盈利能力变化的影响，还受经营效率、业务风险水平和财务杠杆的影响。因此在考察商业银行ROE的变化原因时，首先要分析边际利润率、风险收益率、业务风险水平和财务杠杆四个项目，在此基础上考察各个项目变化对ROE的影响。

边际利润率是拨备前利润在营业收入中的比重，该比率上升说明银行营业收入的增加速度快于各项成本费用（不含当年提取准备金）的增加速度、单位收入需要耗费的资源降低、银行的效率提高，因而对银行的稳健经营有正面影响；反之亦然。

风险收益率是营业收入与平均风险加权资产规模之比，该比率上升说明单位风险加权资产创造的收入增加、银行的风险管理水平提高，对银行的稳健经营有正面影响；反之亦然。

业务风险水平是风险加权资产与总资产规模之比，该比率上升说明银行业务风险提高，相应资产被划入风险权重较高的资产类别，对银行的稳健经营有负面影响；反之亦然。

财务杠杆是总负债与所有者权益规模之比，该比率上升说明负债在总资产中的比重增加，对银行的稳健经营有负面影响；反之亦然。

下述方程描述了各个项目之间的关系：

$$ROE = \frac{\text{拨备前利润}}{\text{营业收入}} \times \frac{\text{营业收入}}{\text{平均风险加权资产}} \times \frac{\text{平均风险加权资产}}{\text{平均总资产}} \times \frac{\text{平均总资产}}{\text{平均所有者权益}} = \text{边际利润率} \times \text{风险收益率} \times \text{业务风险水平} \times \text{财务杠杆}$$

（二）收入结构分析

16家商业银行的净营业收入比上年大幅提高。受国债市场走势良好和商业银行持有的有价证券及投资增加的影响，商业银行的投资收益大幅增加，成为净利息收入增加的重要来源。此外，由于商业银行大力开展各项中间业务，净手续费收入在净营业收入中的比重也有所上升。

全年16家商业银行境内业务实现净营业收入[①] 6 048亿元，比2004年增加1 018亿元。四大银行境内业务实现净营业收入4 695亿元，比2004年增加753亿元；股份制商业银行境内业务实现净营业收入1 353亿元，比2004年增

① 净营业收入指净利息收入、净手续费收入、汇兑损益和其他营业收入；净利息收入中含投资收益。

加 265 亿元。净利息收入[①]仍然是净营业收入的主要来源，该项收入在全部净营业收入中的比重比 2004 年上升了 0.58 个百分点至 90.99%。净手续费收入在净营业收入中的比重比上年有所提高，上升 0.67 个百分点。

2005 年 16 家商业银行境内业务净利息收入比上年增加 956 亿元，其中投资收益增加 541 亿元，占新增净利息收入的 56.64%。分类看，四大银行境内业务净利息收入比上年增加 718 亿元，其中投资收益增加 466 亿元，占新增净利息收入的 64.84%；股份制商业银行境内业务净利息收入比上年增加 237 亿元，其中投资收益增加 76 亿元，占新增净利息收入的 31.83%。投资收益大幅增加的主要原因是商业银行持有的有价证券及投资快速增长。

两类银行的利差收入占比趋降说明其非利息收入占比上升（附图 1－3）。2005 年 16 家商业银行境内业务净手续费收入比上年增加 104 亿元。四大银行境内业务净手续费收入比上年增加 88 亿元，增幅为 32.52%；股份制商业银行境内业务净手续费收入比上年增加 16 亿元，增幅为 37.58%。2005 年四大银行的净手续费收入在净营业收入中所占比重比股份制商业银行高 3.31 个百分点。中间业务对银行资金的占用量小，相应资产的风险权重也比较低，属于风险收益率比较高的业务。四大银行净手续费收入的相对规模大于股份制商业银行，是四大银行风险收益率高于股份制商业银行的原因之一。

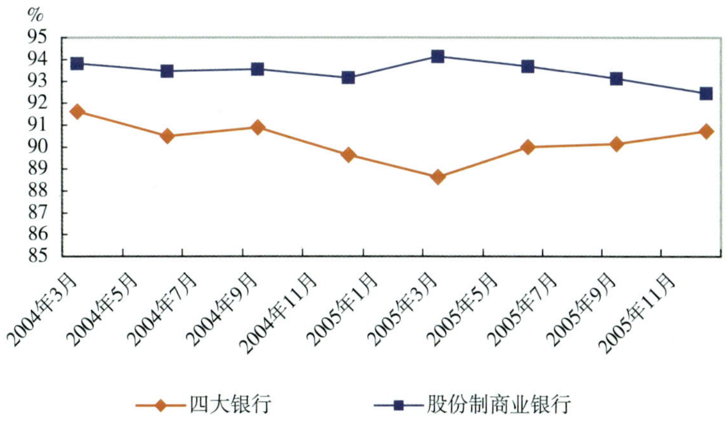

附图 1－3　16 家商业银行的利差收入占比

数据来源：中国人民银行。

① 由于各家银行对债券投资利息收入、债券买卖收益和股权投资收益的会计处理不统一，有的银行将债券投资利息收入计入利息收入，有的银行将债券投资利息收入计入投资收益，在现有统计制度下，无法清晰划分上述各部分收入，同时考虑到股权投资和债券投资都会占用银行的一部分计息负债，形成相应的利息支出，所以在计算 16 家商业银行净利息收入时，投资收益将作为利息收入的一部分，计入净利息收入。尽管这种调整可能会夸大净利息收入在净营业收入中的比重，但这种调整能够更加全面地反映商业银行计息负债运用的效果。

专栏17：对16家商业银行生息资产和计息负债主要项目变化的分析

要全面解释银行净利息收入变化的原因，既需要考察生息资产和计息负债的规模与结构的变化，也需要考察收益率的变化。由于当前缺乏收益率方面的数据，只能从生息资产和计息负债的规模与结构变动的角度，部分地解释银行净利息收入的变化。

附表1-2　16家商业银行生息资产和计息负债主要项目变动状况

单位：亿元，%

	四大银行			股份制商业银行		
	2004	2005	同比增长	2004	2005	同比增长
各项存款	137 686.63	157 675.92	14.52	35 765.73	43 573.67	21.83
债券发行及境外筹资	1 307.12	1 987.20	52.03	220.01	593.15	169.60
应付及暂收款	2 867.84	3 832.03	33.62	815.69	1 070.15	31.20
向中央银行借款	1 980.92	1 713.84	-13.48	89.42	13.33	-85.09
同业往来	5 198.74	5 816.39	11.88	1 840.85	1 996.85	8.47
主要计息负债合计	**149 041.24**	**171 025.38**	**14.75**	**38 731.71**	**47 247.15**	**21.99**
各项贷款	98 241.42	101 744.50	3.57	26 906.40	31 887.74	18.51
有价证券及投资	35 993.63	49 695.85	38.07	6 485.56	8 826.60	36.10
应收及预付款	2 781.26	4 530.79	62.90	727.68	800.42	10.00
存放中央银行存款	13 743.22	16 271.84	18.40	4 198.56	4 937.53	17.60
同业往来	4 643.59	3 854.19	-17.00	1 252.51	1 733.05	38.37
主要生息资产合计	**155 403.11**	**176 097.17**	**13.32**	**39 570.71**	**48 185.35**	**21.77**

数据来源：中国人民银行。

附表1-2对16家商业银行按照四大银行和股份制商业银行进行分类后，描述了各个群组2004年和2005年生息资产和计息负债主要项目的变动状况。表中各个项目的金额为月均余额，通过计算各个项目1月1日和1月至12月各月月末余额的平均值得出。

2005年16家商业银行持有的有价证券及投资迅速增长，股份制商业银行的存贷款增长幅度快于四大银行，四大银行存贷款增速的差距较大（剔除年内工商银行不良贷款剥离因素，四大银行各项贷款增长9.81%）。股份制商业银行一直以来都有很强的扩张欲望，加之实行了比较合理的薪酬激励制度，2005年其存贷款规模增长迅速。相比之下，四大银行由于大规模上收贷款的审批权限，对一线信贷工作人员缺乏有效的薪酬激励等原因，贷款增长速度缓慢。

2005年16家商业银行持有的有价证券及投资大幅增加，说明商业银行更加积极地参与银行间市场交易，以提高资金使用效率。同时，2005年银行间市场拆借和债券回购交易的利率水平持续走低[①]，也说明银行间市场的容量有限，商业银行的流动性过剩。由于现阶段商业银行缺乏其他投资渠道，银行间市场对增量资金的容纳能力有限，国有银行贷款增长速度如果长期大幅低于存款增长速度，必然会使这些银行出现大量闲置资金，提高银行的资金成本，降低银行的收入。这一状况如果长期持续，将会削弱四大银行的盈利能力。

（三）成本结构分析

2005年，16家商业银行境内业务营业成本[②]为2 975亿元，比上年增加224亿元。四大银行境内业务营业成本为2 279亿元，比上年增加123亿元，增加幅度为5.72%；股份制商业银行境内业务营业成本为696亿元，比上年增加100亿元，增加幅度为12.88%。

附图1-4表明，两类银行的非利息支出趋于下降，说明其管理水平有所提高。四大银行的成本收入比[③]和成本资产比都低于股份制商业银行，说明四大银行的营业成本管理更为有效。由于各家商业银行的业务范围、客户对象都比较相似，四大银行和股份制商业银行的成本收入比和成本资产比差距大主要

① 年内债券回购交易的利率水平一度接近商业银行超额准备金存款的利率水平。

② 营业成本包含营业费用、营业税金及附加和其他营业支出三项。

③ 成本收入比＝（营业成本/净营业收入）×100%

说明银行业的管理存在规模效益。

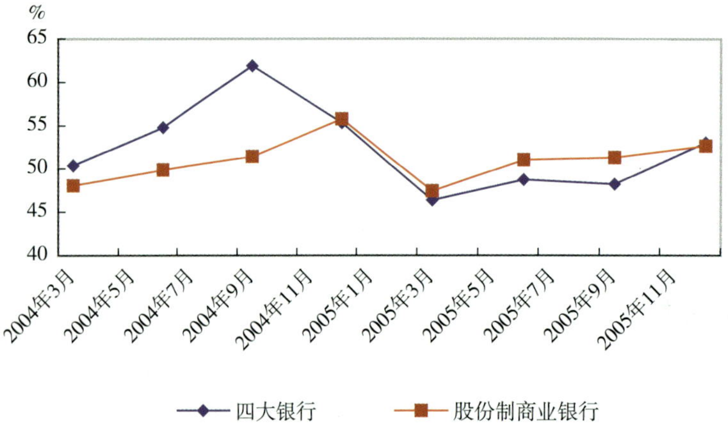

附图 1－4　四大银行和股份制商业银行的非利息支出占比

数据来源：中国人民银行。

四大银行在净营业收入快速增长的同时，营业成本得到了有效控制；股份制商业银行在净营业收入快速提高的同时，成本也迅速上升（附图 1－5）。营业成本增加过快，削弱了股份制银行的盈利能力和竞争力，降低银行经营的稳健性。

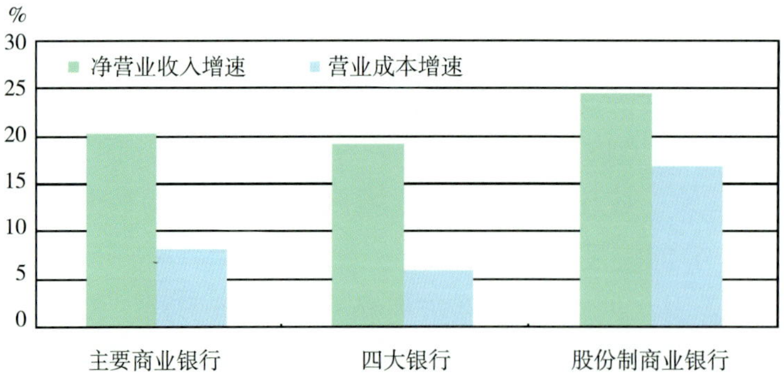

附图 1－5　16 家商业银行净营业收入、营业成本增长速度

数据来源：中国人民银行。

二、资产分析

（一）总资产规模与结构

截至 2005 年 12 月 31 日，我国 16 家商业银行境内本外币资产合计达到 25.47 万亿元（附图 1－6），比上年同期增长 17.75%，占境内银行业本外币资产总额的 67.98%。四大银行的境内本外币资产占境内银行业本外币资产的 52.46%。年末四大银行占境内银行业总资产份额的赫芬达尔系数[①]为 710，比上年末减少 62；16 家商业银行占境内银行业总资产份额的赫芬达尔系数为 740，比上年末减少 59。这说明银行业的集中程度有所下降，竞争加剧。银行业集中程度下降的主要原因在于其他银行业机构迅速发展，市场份额扩大（附图 1－7）。

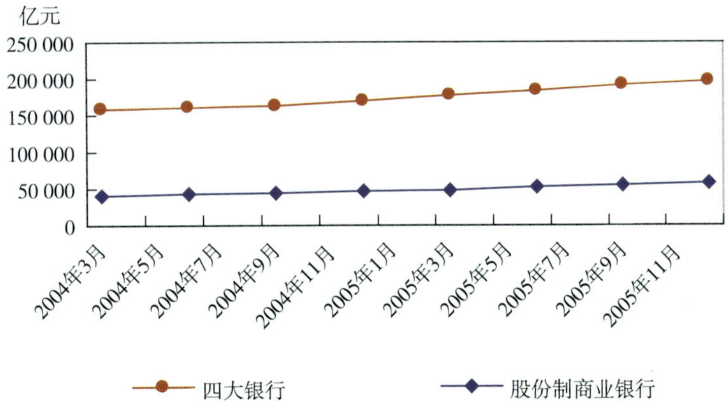

附图 1－6　16 家主要商业银行的总资产

数据来源：中国人民银行。

2005 年 16 家商业银行的资产结构变化不大，贷款和投资仍是各家商业银行的主要资产，二者占总资产的 80%左右。受 2005 年 3 月中国人民银行下调

---

① 赫芬达尔系数（H）＝ $\sum$（份额 i×100）^{2}；经验表明，H 值低于 1 000 就认为是相对有限的集中度，H 值高于 1 800 表示高度集中。其中 i 表示第 i 家银行资产占银行业总资产的比重。

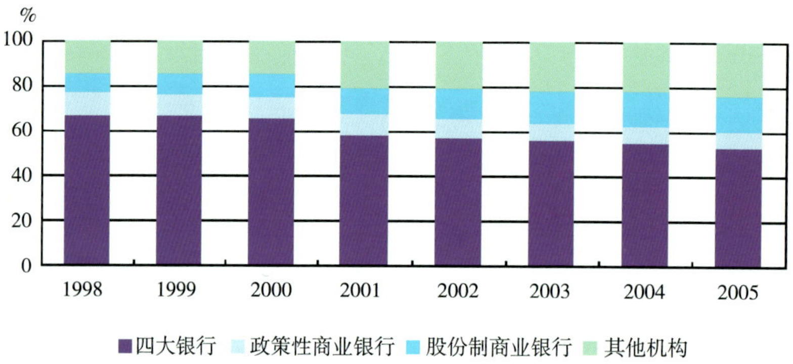

附图 1－7　各类银行机构资产份额变化（1998～2005 年）

数据来源：中国人民银行。

超额存款准备金利率的影响，现金和存放中央银行存款在总资产中的份额略有下降。16 家商业银行的制造业贷款下降（附图 1－8），个人贷款占全部贷款的比重稳步上升。其中，四大银行个人贷款占比从 2004 年第一季度的 14.47%上升到 2006 年第一季度的 16.47%，股份制商业银行个人贷款占比从 2004 年第一季度的 9.54%上升到 2006 年第一季度的 12.22%（附图 1－9）。两类银行的中长期贷款占比很高（附图 1－10），金融风险可能滞后显现。

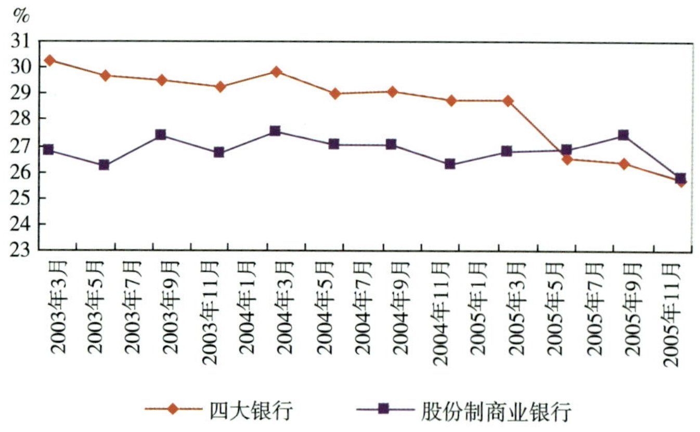

附图 1－8　四大银行和股份制商业银行对制造业的贷款占比

数据来源：中国人民银行。

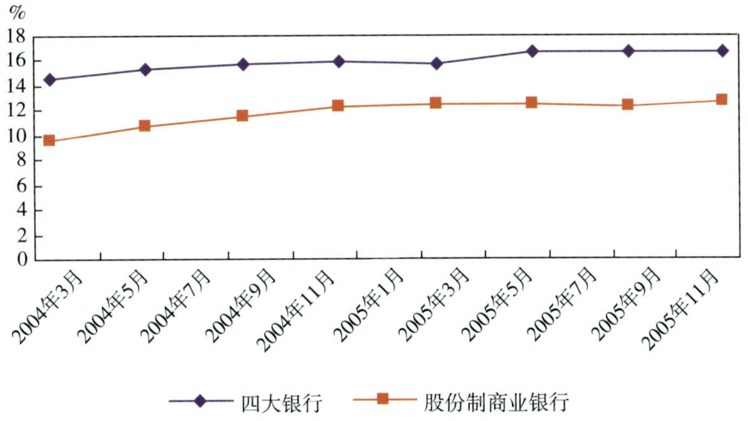

附图1－9 四大银行和股份制商业银行对个人贷款占比

数据来源：中国人民银行。

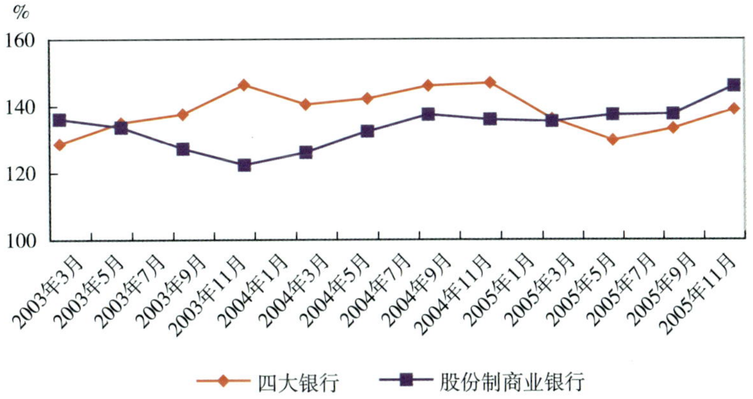

附图1－10 四大银行和股份制商业银行的中长期贷款占比

数据来源：中国人民银行。

（二）贷款规模与质量

16家商业银行的不良贷款率不断下降，不良贷款增长率趋降，2005年16家商业银行的不良贷款率从第一季度的12.72%下降到年末的8.90%。2005年末，16家商业银行各项贷款余额为13.71万亿元，比上年底增加0.71万亿元，增长5.42%。股份制商业银行贷款增长速度普遍较快。以往经验显示，贷款快速扩张之后往往会伴随出现贷款质量下降的问题，所以贷款迅速扩张的银行尤其需要注意强化对已发放贷款的跟踪管理。

按照五级分类的划分标准，截至2005年12月31日，16家商业银行不良贷款余额为12 197亿元，比年初减少4 985亿元。工商银行在2005年第二季度剥离和核销大量不良贷款，是2005年末16家商业银行不良贷款余额及不良贷款率双下降的主要原因。其不良贷款率保持在10%~10.5%的区间内，但年末又有微升趋势。股份制商业银行的不良贷款率呈稳中有降的走势，年内一直维持在5%以下。

附图1-11反映了2004年和2005年各季度16家商业银行中不良贷款余额比年初上升或下降的银行的数目。2005年不良贷款余额比年初增加的银行数目仍与上年年末持平。2004年的数据考虑了中国银行、建设银行、交通银行不良贷款剥离的因素；2005年的数据考虑了工商银行不良贷款剥离的因素。

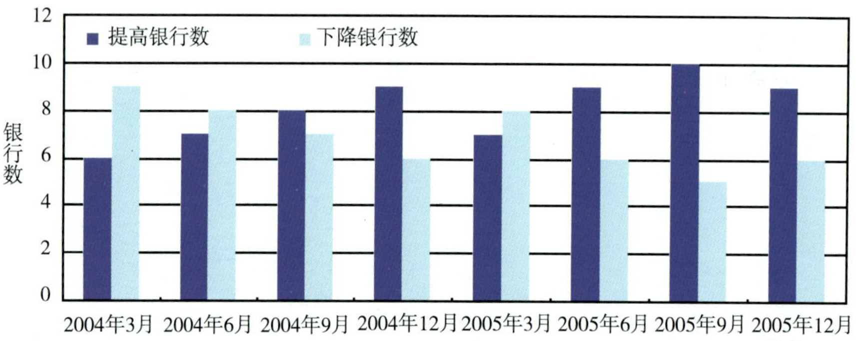

附图1-11　16家商业银行不良贷款率余额比年初增减状况

数据来源：中国人民银行。

贷款结构不尽合理，中长期贷款增长明显偏快，银行资金继续向大城市、大企业、大项目和垄断行业集中。

（三）准备金覆盖率

2005年末16家商业银行准备金覆盖率[①]差异较大，但整体情况好于上年，各家银行提取准备金水平大幅度提高。工商银行、中国银行、建设银行三家改制银行准备金覆盖率大幅度提高；股份制商业银行的平均水平为53.39%，比上年提高8.13个百分点。

① 准备金覆盖率=贷款损失准备/不良贷款余额×100%

三、流动性与资本充足率

16 家商业银行流动性充裕，资本充足率有所提高。各家银行充实资本、消化历史欠账的方式主要包括引进战略投资者、股份制改革、海外上市、计提准备金和缩小准备金缺口等。

（一）流动性

16 家商业银行资产流动性比较充足，除农业银行第二、第四季度流动性比例略低于标准值（25%）外，其他 15 家商业银行的流动性比例均在标准值以上。

16 家商业银行的流动性资产主要包括准备金存款和在国内二级市场上随时可以抛售的债券，该两项资产在 16 家商业银行全部流动性资产中占比为 69.85%。16 家商业银行的流动性负债主要是活期存款，在全部流动性负债中占比为 87.37%。

（二）资本充足率

2005 年 16 家商业银行中多数机构的核心资本充足率和资本充足率比年初有所提高。核心资本充足率和资本充足率都达到中国银监会要求的银行，由 2004 年末的 10 家增加到 2005 年末的 12 家。

2005 年末 16 家商业银行核心资本充足率和资本充足率提高的主要原因是核心资本净额增加：一方面，工商银行和中信银行通过多种措施补足了贷款损失专项准备缺口，使 16 家商业银行的整体准备金缺口余额比 2004 年末大幅下降；另一方面，交通银行和建设银行在香港联合交易所成功上市，极大地提高了其资本充足率。截至 2005 年末，仍有 5 家银行存在准备金缺口，缺口余额仍然较高，弥补缺口的压力仍然较大。

（执笔：赵增德、闫先东、刘珂、孙涛、洪波）

附录二

区域金融稳定概况

2005年，全国各地区[①]经济继续较快发展，投资、消费、进出口都表现出良好的发展势头，经济结构和产业结构调整迈出较大步伐，区域经济发展的协调性有所改善。与经济发展相适应，各地区金融运行平稳，银行、证券和保险业务增长较快，金融市场交易活跃，金融创新产品不断推出。随着金融改革的稳步推进和金融生态环境的不断改善，各地区主要金融机构实力有所增强，公司治理结构和内控机制逐步健全，风险防范和化解能力进一步提高，区域金融保持稳定。同时，支付体系、征信体系、反洗钱体系等金融基础设施建设深入推进，金融法治环境改善，审慎金融监管不断加强，有力地支持了区域金融体系的稳健运行。

在全国各地区经济金融平稳发展的同时，经济、金融体制改革中的深层次问题以及金融机构、金融市场本身的不完善，使得各地区仍然面临着一些共同的风险点和脆弱性，主要有：部分行业产能过剩，工业企业效益下滑；房地产价格高位运行，房地产开发和投资过度依赖银行信贷；货币市场投资收益率偏低，票据市场过度竞争导致不规范操作增加；银行业不良贷款反弹压力增加，信贷集中风险持续暴露，地方中小法人金融机构抗风险能力有待加强；证券公司逐步分化，业务与产品创新方面竞争日趋激烈，经营风险有待进一步化解；保险业诚信建设有待加强，行业形象和公信力亟待提升；寿险公司退保额快速增长和产险公司收益下滑使得保险公司的经营压力进一步增大，等等。

各地区间经济金融发展水平、财政和金融资源、金融生态环境等方面的差异，使得影响地区金融稳定的风险因素也各有不同。与地方经济金融发展水平相适应，东部地区需要较多地关注金融业对外开放、外资金融机构快速发展，资金跨境、跨地区流动的问题；中部地区在工业化和城镇化加速发展的过程中，县域经济发展的金融支持逐渐改由中小法人金融机构承担，相应的信贷风险有所加大；西部和东北地区在投资快速增长的情况下，资金运用长期化、政府部门银行负债显著增加、银行新增不良贷款较多等问题较为突出。

2006年是实施“十一五”规划的第一年，各地区经济发展的机遇和挑战同时并存。各地区要在充分利用国内外有利的经济形势、抓住产业升级和产业转移契机的同时，进一步提高经济增长质量、优化经济结构，改善经济金融体系中的薄弱环节，抑制经济金融运行中不健康、不稳定的因素，建立健全维护金融稳定的长效机制。

---

① 东部地区包括北京、天津、河北、上海、江苏、浙江、福建、山东、广东、海南10个省（市）；中部地区包括山西、安徽、河南、湖北、湖南、江西6个省份；西部地区包括广西、重庆、四川、贵州、云南、西藏、陕西、甘肃、宁夏、内蒙古、青海、新疆12个省（区、市）；东北地区包括辽宁、黑龙江、吉林3个省份。

专栏18：中国的区域金融稳定：内涵及分析框架

从理论上说，在统一的经济体内的各个地区之间，不应当存在比较明显的金融风险差异，也就是没有所谓区域金融稳定的概念。正因为如此，我们至今很少在世界其他国家的研究中见到有关区域金融稳定的文献。但是，地区差异一直是中国经济的一个突出现象。由于我国客观存在地区间经济发展水平、财政和金融资源分布不平衡等问题，国内各地区的金融风险也存在显著差异。如果简单地用信贷资产质量来衡量，可以发现最差地区和最好地区的不良资产率相差了10倍以上。因此，我们需要在维护中国金融稳定的框架下纳入区域金融稳定的概念，关注区域金融风险，构建区域金融稳定的分析评估框架。

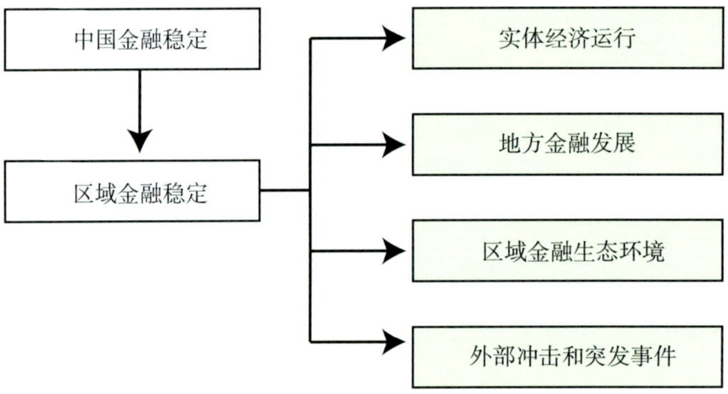

附图2－1　中国区域金融稳定的分析框架

区域金融稳定不是一个部门的概念，而是地方金融市场与金融业的长期动态均衡发展。区域金融稳定的实质是地方经济健康运行，金融业稳健发展，金融市场和金融基础设施功能进一步完善，金融生态环境不断改善，金融风险的防范和化解能力持续增强。中国人民银行各级分支行高度重视辖区内的金融稳定工作，对地方金融体系的稳定性进行全面评估，关注地方经济金融发展中的系统性弱点，及时采取有力措施处置可能酿成全局性、系统性风险的问题金融机构，维护金融系统的整体稳定。

一、中国区域经济运行与金融稳定

（一）区域经济运行的基本情况

2005年，国家各项宏观调控政策取得明显成效，各地区经济平稳快速发展，经济运行的稳定性进一步提高，重要领域和关键环节的改革有所突破，区域经济一体化进程加快。

2005年，东部、中部、西部、东北地区国内生产总值分别达到10.90万亿元、3.71万亿元、3.34万亿元和1.71万亿元，加权平均增长速度分别达到13.1%、12.5%、12.8%和12%（附表2－1）。中国区域经济发展出现新的态势，中部、西部地区部分省市的经济增长速度超过了东部沿海地区，而在东部沿海地区中，北部沿海地区的经济增长速度总体上高于中部和南部沿海地区。

附表2－1　2005年全国各区域GDP及其增长情况

项目	东北地区	东部地区	中部地区	西部地区	全国合计
地区生产总值（GDP）（亿元）	17 129.92	109 009.3	37 046.94	33 359.71	196 545.8
占比（%）	8.72	55.46	18.85	16.97	100.00
增长速度（%）	13.10	12.50	12.8	12	—
人均地区GDP（元）	15 924.44	23 825.86	10 090.96	8 934.281	15 053.89

数据来源：全国各省、市、自治区统计局，增长率根据简单加权平均计算。

2005年，东部、中部、西部和东北地区分别完成全社会固定资产投资4.73万亿元、1.63万亿元、1.77万亿元和0.78万亿元，比上年增长22.7%、28.8%、28.1%和37.6%（附表2－2）。东部地区投资增长受房地产开发的影响较大，在国家加强宏观调控后整体投资规模增长减缓；西部和东北地区投资绝对量小，增速较高，体现了国家西部大开发和振兴东北老工业基地的政策取向。

附表2－2　2005年全国各区域全社会固定资产、房地产投资及占比情况

项目	东北地区	东部地区	中部地区	西部地区	全国合计
全社会固定资产投资（亿元）	7 800.58	47 333.20	16 266.74	17 737.35	89 137.87
占比（%）	8.75	53.10	18.25	19.90	100.00

续表

项目	东北地区	东部地区	中部地区	西部地区	全国合计
固定资产投资增长速度（%）	37.64	22.65	28.80	28.09	26.02
房地产开发投资（亿元）	1 336.83	9 555.21	2 218.86	2 648.37	15 759.27
占比（%）	8.48	60.63	14.08	16.81	100.00
房地产投资增长速度（%）	23.98	12.60	32.62	32.49	19.06

数据来源：全国各省、市、自治区统计局。

附表 2－3　2005 年全国各区域进出口规模、利用外资规模及增长情况

项目	东北地区	东部地区	中部地区	西部地区	全国合计
进出口总额（亿美元）	571.11	12 786.15	415.59	454.21	14 227.06
进口总额（亿美元）	251.35	5 985.98	169.09	203.53	6 609.95
出口总额（亿美元）	319.76	6 800.17	246.50	250.68	7 617.11
进出口总额增长率（%）	18.93	23.43	18.91	22.47	23.08
外商实际直接投资（亿美元）	56.98	647.71	90.00	43.79	838.48

数据来源：全国各省、市、自治区统计局。

2005 年，东部地区进出口总额继续保持领先，但各区域间增速差异较小。东部、中部、西部和东北地区实现进出口总额 12 786.15 亿美元、415.59 亿美元、454.21 亿美元和 571.11 亿美元，分别增长 23.4%、18.9%、22.5% 和 18.9%。中部、西部和东北地区成为外资流入的新热点。2005 年，东部、中部、西部和东北地区实际利用外商直接投资 647.71 亿美元、90 亿美元、43.79 亿美元和 56.98 亿美元（附表 2－3）。西部和东北地区作为国家经济发展的重点，对外资的吸引力日益增强，其中，内蒙古、贵州、辽宁三省实际利用外资的增速分别达到了 89.0%、64.8% 和 172.7%。

总体来看，各地区三大产业全面发展，第二产业增速快于第一和第三产业，显现以工业增长推动经济发展的趋势（附表 2－4）。农业在国家支农政策扶持下，粮食继续增产，综合生产能力进一步提高，农民增收较快。工业生产增长迅速，2005 年，东部、中部、西部和东北地区工业增加值的增长速度分别达到了 19.8%、21.4%、19.6% 和 16.6%。

附表 2-4 2005 年全国各区域三次产业规模及结构

项目	东北地区	东部地区	中部地区	西部地区	全国合计
第一产业（亿元）	2 133.10	8 433.85	6 155.34	5 880.82	22 603.11
占比（%）	12.45	7.74	16.62	17.63	11.50
第二产业（亿元）	8 482.73	56 262.30	17 375.33	14 256.08	96 376.44
占比（%）	49.52	51.61	46.90	42.74	49.04
第三产业（亿元）	6 514.09	44 313.13	13 515.97	13 221.49	77 564.68
占比（%）	38.03	40.65	36.48	39.63	39.46

数据来源：全国各省、市、自治区统计局。

受惠于原材料、燃料、动力等上游产品价格的不断上涨，山东、内蒙古、山西、陕西等资源型大省（自治区）的工业经济效益出现了大幅提高。服务业稳步增长，对经济的推动作用逐步增强。服务业相对发达的省市主要集中在东部地区，北京和上海两地第三产业的比重都已经超过了 50%，山东、江苏、浙江等地的增长速度超过了 14%。

（二）区域经济运行需要关注的方面

1. 经济结构不合理、增长方式粗放等问题仍比较突出，部分行业产能过剩，企业效益下滑。2005 年，东部、中部、西部和东北地区社会消费品零售总额分别增长了 14.2%、14.1%、13.9% 和 13.4%，实际增幅高于往年，对经济的拉动作用有所增强，但各地区经济增长过于依赖投资和出口的格局没有根本改变，经济结构不合理、增长方式粗放等问题仍较为突出。在全国部分行业产能过剩的大背景下，各地区的钢铁、汽车、电解铝、水泥、煤炭、电力、纺织等行业普遍出现了开工不足、利润减少等问题。而随着前期开工建设项目陆续投产，这些领域生产能力大于需求的矛盾将进一步加剧。受国家宏观调控影响，部分过热行业的投资得到控制，金融机构对重点调控行业的信贷资金投放也趋于谨慎。但值得注意的是，一方面产能过剩呈现出明显的结构特点，部分省市的钢铁、有色金属、水泥等企业规模小、技术落后，高端产品不足、低端产品无法得到充分消化，在市场供需总量失衡和政策调控的双重制约下，企业经营将更为困难，部分小企业面临着淘汰出局的风险；另一方面部分行业由于以往盈利能力较强，吸引了大量信贷资金，在压缩过剩行业产能的调控政策影响下，被淘汰企业贷款损失的可能性增大。

2. 房地产投资和信贷投放规模较大，部分地区房价上涨较快。2005 年，在长三角地区房地产投资增速大幅减缓的同时，中西部地区部分省（市）的房地产开发投资速度明显提高。2005 年全国房地产投资增速超过 30% 的省市均在中西部地区。目前，我国房地产开发投资偏重依赖银行贷款，部分地区房地产开发贷款需求上升，房地产贷款规模继续扩大，使得房地产市场波动的风险集中于银行体系。

在全国多数城市房屋销售价格涨幅小幅回落的同时，河北、广东等部分地区的房价仍然出现了较大幅度的上涨。2005 年，河北省商品房和商品住宅平均售价比上年上升 16.5% 和 18.6%；广东省商品房平均销售价格同比增长 7.7%，其中广州和深圳新建商品住宅均价分别上涨 10.7% 和 17.4%。而在以上海为代表的部分地区，受房地产成交量持续萎缩的影响，房地产开发企业资金趋紧，个人住房贷款增长放缓，部分楼盘出现了“集体退房、停止还贷”的情况。同时，在人民币升值预期下，外汇资金继续流向房地产业，房地产市场的波动蕴涵着新的金融不稳定因素。

3. 部分地区外向型经济发展面临的不确定因素增多。汇率形成机制改革后，人民币币值的调整和国际贸易摩擦的加剧使得我国部分地区外向型经济发展面临的不确定因素日益增多。一是贸易摩擦增加，案源国和涉案产品扩散，纺织、服装、鞋帽等劳动密集型和低附加值的出口企业应对国际贸易摩擦和抗风险的能力较弱。二是人民币汇率的持续波动直接影响企业的换汇收入和出口定价，进而影响企业的利润空间。三是从事非资源型、低准入门槛行业的外商投资企业，由于受市场竞争加剧、劳动力成本上升等因素的影响，盈利能力下降甚至出现亏损，会导致外商直接投资撤离和减少，进而使得部分地区利用外资的规模有可能放缓。

二、区域金融稳定状况分析

（一）东部地区

东部地区是全国经济最发达的地区，汇集了全国经济最活跃的京津冀、长三角、珠三角三大经济圈。2005 年，东部地区经济继续保持快速增长，各项经济指标表现良好，房地产开发投资、固定资产投资增速放缓，产业结构优化升级步伐加快，宏观调控取得明显成效。与经济发展水平相适应，东部地区的金融机构数量、金融资产规模以及金融从业人数在国内均居领先地位。2005 年，东部地区金融业继续保持较快增长，中外资金融机构进一步集聚，金融市场规模不断扩大，金融工具种类增加，金融创新活跃，金融改革向纵深方向推进。随着东部地区外向型经济发展，金融对外开放力度加大，外资金融机构快速发展，资金跨境跨地区流动规模和频率上升等可能会影响地区金融稳定。

1. 外资金融机构快速发展。东部地区是我国经济与金融对外开放最早、最广泛的地区，也是引入外资金融机构最多、外资金融机构业务量最大的地区。目前，绝大多数进入中国的外资金融机构均选择东部地区作为其代表处或主要经营所在地，北京、上海、广东（深圳）汇集了全国绝大多数的外资金融机构。以上海为例，截至 2005 年末，在沪各类外资、中外合资金融机构达 320 余家。近年来，外资金融机构各项业务快速增长，市场份额不断扩大。2005 年末，上海市外资金融机构本外币存、贷款余额同比分别增长 32.8% 和 32.9%，比中资金融机构存、贷款增幅分别高出 17.4 个和 23.6 个百分点。外资银行的发展在给中资金融机构带来新机制、新产品的同时，也加大了中外资金融机构之间的竞争，中资金融机构面临的竞争压力日渐增大，市场变化的不确定因素增加。同时，外资银行母行集团的混业经营平台、客户资源共享及在华分支机构的业务集中管理，对外资银行的整体风险监管提出挑战。

2. 资金跨境流动加剧。东部地区是我国资金跨境流动最活跃的地区。2005 年东部地区资金跨境流动加剧，一方面，资本流入继续增加。以上海与北京为例，2005 年上海资本和金融账户顺差比上年增长 33.41%，资本项下结汇同比上升 40.52%，售汇同比下降 7.91%；北京地区银行结汇 661.92 亿美元，同比增长 77.97%，相当于 2003 年与 2004 年两年的总和，其中资本项目结汇达到 270.2 亿美元，同比增长 199.42%。另一方面，随着东部地区外向型经济的发展，境内外金融市场不断融合，在“走出去”发展战略的指导下，资本开始向外流动，部分中资外汇指定银行已开始参与国际金融市场，增加了更多不确定性因素。

3. 异地融资明显增加。近年来，东部地区尤其是长三角、珠三角、京津冀三大经济圈内部的经济金融一体化趋势日益明显，跨地区资金流动逐渐频繁，尤其是信贷资金的流动，开始对区域经济金融发展产生了显著影响。

（二）中部地区

在“中部崛起”战略的指引下，中部地区长期集聚的发展潜能加速释放，经济效益改善，经济运行质量明显提升。同时，中部地区银行业、证券业、保险业协调发展，金融市场平稳运行，金融机构改革呈现上下联动与业务流程改造纵向推进的格局，金融基础设施和金融生态环境日趋改善，金融稳定的基础性制度保障得到加强。截至 2005 年末，中部地区共有银行业二级分行以上中资银行机构 16 498 家，较上年增加 2 245 家；中资金融机构本外币总资产 50 081.9亿元，同比增长 16.7%；当年中资银行业金融机构实现本外币业务账面利润总额 176.7 亿元，同比增长 57.5%。证券业受市场长期低迷影响，法人证券、期货机构的数量和资产不断萎缩，对实体经济支持作用下降。目前，证券、期货机构效益下降趋势得到了初步控制。2005 年，中部地区实现保费收入 879.95 亿元，同比增长 11.1%；赔款和给付支出 173.4 亿元，同比增长 9.1%，当年新增保险公司省级分公司 28 家，总体呈现平稳发展态势。但是，中部地区金融发展中仍存在一些相对突出的问题。

1. 县域经济发展的金融支持主要由中小法人金融机构承担，潜在的信贷风险加大。县域经济的发展是全面实施“中部崛起”战略的基石，但是国有商业银行、股份制商业银行经营战略调整后几乎放弃了这个相对弱势的市场。据统计，2005 年末，湖南省县域经济贷款余额占全省的 27.5%，较 2000 年下降近 10 个百分点；河南省国有商业银行和政策性银行的县域网点数持续减少，自 2002 年起，两年半时间减少了 15.7%。地方中小法人金融机构的市场规模有所扩大，但同时也面临着相对较高的风险。

2. 直接融资取得突破性进展后，伴生的信贷“挤出”效应对银行业金融机构的风险管理与业务拓展能力形成挑战。2005 年，中部地区通过发行企业短期融资券共筹资 117 亿元，债券融资比重较上年同期上升了 2.1 个百分点，直接融资取得突破性进展。尽管直接融资与间接融资的协调发展有利于提高市场效率，减小企业对银行体系的依赖性，但在现阶段，能够获准发行债券的企业多是本地的大型优质企业，部分优质企业在债券与股票市场融资成功后，随即大量归还原有贷款，形成对金融机构“黄金”客户“优质贷款”的挤出效应。

3. 中部地区股改全面推进，但改革难度不断加大。截至 2005 年末，中部地区共有国内上市公司 230 家，已完成股改或进入股改程序的上市公司 76 家，占全国股改公司的 18.3%，股改推进工作相对滞后。由于恢复再融资和新股公开发行将向改革进展较快的地区和完成改革的公司实行政策倾斜，如果不加快进度，随着股改基本结束、新老划断政策的出台实施，整个中部地区资本市场的发展都会受到一定影响。

（三）西部地区

近年来，西部地区经济在国家政策扶持和投资推动下保持较快增长。伴随着经济的快速增长，西部地区金融业呈现良好的发展势头，银行业金融机构资产增速很快，陕西、广西、内蒙古和西藏等省（自治区）资产增幅超过 20%；2005 年末的各项存、贷款余额分别达到 4.6 万亿元、3.2 万亿元，同比分别增长 17.4% 和 13.1%；证券公司在风险暴露后得到进一步规范，综合治理工作初步取得成效，股权分置改革进展顺利；保险业规模迅速扩大，保费收入增长速度达13.1%，仅次于东部地区。金融市场交易日趋活跃，参与货币市场交易的地方性金融机构日益增多，净融入资金有所增加。2005年，西部地区通过货币市场净融入资金2.4万亿元，较上年增加了1.5万亿元。但是，从总体看，西部地区的经济、金融基础仍较薄弱，金融市场发展缓慢，金融机构抗风险能力较弱，保险密度和金融服务密度较低等问题尚未根本解决。2005年，西部地区资金运用长期化、地方政府债务大量增加以及证券公司风险集中暴露等问题较为突出，需要引起关注。

1. 资金运用长期化趋势明显，中长期贷款占比较高。截至2005年末，西部地区中长期贷款占各项贷款比重达51%，分别高于东部、中部和东北地区6个、9个和10个百分点。其中，广西、青海、内蒙古三地的银行业中长期贷款占各项贷款的比重分别达到了59.2%、68.1%和52%。目前，在西部地区储蓄存款仍然是银行资金的主要来源，银行业金融机构资金来源中定期存款的比重逐年下降。中长期贷款占比的持续上升和定期存款的不断下降，使银行业的资金来源和资金运用错配问题日益突出，特别是在现行制度安排下，银行业稳定补充中长期资本，以及通过资产证券化等途径增强资产流动性的机制尚不完善，潜在的流动性风险和利率风险有所增加。

2. 地方法人证券公司违规经营，风险集中暴露。2005年，西部一些证券公司风险呈现集中爆发。有5家证券公司被中国证监会实施了行政清理、托管，有1家证券公司上报重组方案；8家证券公司出现整体亏损。证券公司风险隐患较大。

3. 地方政府的银行负债显著增加，可能增加银行体系的脆弱性。近年来，随着西部地区经济和投资的快速增长，地方政府对银行业金融机构的负债增长也比较明显。个别省政府部门的银行负债调查，该省政府部门银行负债占当地银行业金融机构贷款余额的10%以上，有的省政府的债务已大致相当于其同期的财政收入水平。目前，随着政府职能的转变，各级政府部门越来越多地采用间接方式从银行获取资金用于满足地方经济建设的需要，这使政府部门控股公司的贷款增长较快。地方政府部门负债的大量增加可能加剧银行体系的脆弱性。

（四）东北地区

2005年，东北三省国民经济继续较快发展，老工业基地振兴初见成效，为金融稳健运行提供了基础。与此同时，金融市场快速发展，金融机构整体质量提高，金融基础设施建设不断完善，个别高风险金融机构得到处置，金融保持基本稳定。但与国内其他地区相比较，固定资产投资增速过快、质量不高，直接融资与间接融资比例失调、银行业新增不良贷款较多等问题相对突出，可能影响区域金融稳定，需要引起高度重视。

1. 实施东北老工业振兴战略促使东北地区固定资产投资大幅上升，较易引发部分行业产能过剩和新一轮不良贷款增加等问题。2005 年，东北地区城镇固定资产投资加权平均增长率高达 40%，较上年上升 0.7 个百分点。辽宁、吉林、黑龙江三省固定资产对 GDP 增长的贡献率分别达到 137.3%、162.9% 和 56.1%，其中辽宁、吉林两省固定资产投资增幅分别超过全国平均水平 14.4 个和 28.1 个百分点。投资拉动型经济增长易导致部分行业过热和经济周期波动，进而影响到实体经济的盈利和可持续发展能力。从 2005 年 5 月开始，受能源、原材料价格变化的影响，工业企业利润总额出现了负增长。预计未来一段时间内，贷款需求增长和不良贷款反弹的压力会有所加大。

2. 直接融资发展较慢，直接融资与间接融资比例失调。截至 2005 年末，东北地区在国内上市的公司有 114 家，较上年减少 6 家，仅占全国上市公司总数的 8.16%；已经完成股改或进入股改程序的上市公司 20 家，仅占全国股改公司的 4.8%。股票市场和债券市场的发展总体滞后，2005 年主要通过短期融资券筹集资金 32 亿元，占全国的比重为 1.7%；当年未能实现从国内 A 股市场筹资。东北地区企业融资高度依赖银行体系，使得银行系统承担了一些本应由金融市场承担的风险，金融风险向银行业集中。

3. 新增不良贷款依然较多，部分商业银行亏损加剧。东北三省不良贷款的双下降，主要是工商银行政策性剥离的结果，若剔除这一因素，2005 年辽宁、吉林、黑龙江三省主要银行机构不良贷款余额、不良贷款率均出现较大幅度上升，不良贷款反弹压力较大。

（执笔：陈静）

附录三

统计资料

附表 3－1　主要宏观经济指标

（年末余额）

单位：亿元

项　　目	2001	2002	2003	2004	2005
国内生产总值	95 933. 0	102 398. 0	116 694. 0	136 515. 0	182 321. 0
工业增加值	42 607. 0	45 935. 0	53 612. 0	62 815. 0	76 190. 0
固定资产投资总额	36 898. 0	43 202. 0	55 118. 0	70 073. 0	88 604. 0
社会消费品零售总额	37 595. 2	40 911. 0	45 842. 0	53 950. 0	67 177. 0
城市	23 543. 4	25 898. 0	29 777. 0	35 573. 0	45 095. 0
县及县以下	14 051. 8	15 013. 0	16 065. 0	18 377. 0	22 082. 0
进出口总额（亿美元）	5 097. 7	6 208. 0	8 512. 0	11 548. 0	14 221. 0
出口	2 661. 6	3 256. 0	4 384. 0	5 934. 0	7 620. 0
进口	2 436. 1	2 952. 0	4 128. 0	5 614. 0	6 601. 0
差额	225. 5	304. 0	256. 0	320. 0	1 019. 0
外商直接投资（亿美元）	468. 5	527. 0	535. 0	606. 0	603. 0
外汇储备（亿美元）	2 121. 7	2 864. 0	4 033. 0	6 099. 0	8 189. 0
居民消费价格指数（上年＝100）	100. 7	99. 2	101. 2	103. 9	101. 8
财政收入	16 371. 0	18 914. 0	21 691. 0	26 355. 9	31 628. 0
财政支出	18 844. 0	22 012. 0	24 607. 0	28 360. 8	33 708. 1
赤字或盈余	－2 473. 0	－3 098. 0	－2 916. 0	－2 004. 9	－2 080. 1
城镇居民人均可支配收入（元）	6 859. 6	7 703. 0	8 500. 0	9 422. 0	10 493. 0
农村居民人均纯收入（元）	2 366. 0	2 475. 6	2 622. 0	2 936. 0	3 255. 0
城镇地区从业人员（百万）	239. 4	247. 8	256. 4	264. 8	273. 31
城镇登记失业人数（万）	894. 0	770. 0	800. 0	—	—
总人口（百万）	1 276. 3	1 284. 5	1 292. 3	1 299. 9	1 307. 56

数据来源：中国人民银行。

附表 3-2 主要金融指标（一）

（年末余额）

单位：亿元

项目	2001	2002	2003	2004	2005
M_2	158 301.9	185 007.0	221 222.8	254 107.0	298 755.7
M_1	59 871.6	70 881.8	84 118.6	95 969.7	107 278.8
M_0	15 688.8	17 278.0	19 746.0	21 468.3	24 031.7
金融机构各项存款	143 617.2	170 917.4	208 055.6	241 424.3	287 169.5
城乡居民储蓄	73 762.4	86 910.7	103 617.7	119 555.4	141 051.0
企业存款	51 546.6	60 028.6	72 487.1	84 669.5	96 143.7
金融机构各项贷款	112 314.7	131 293.9	158 996.2	178 197.8	194 690.4

数据来源：中国人民银行。

附表 3-3 主要金融指标（二）

（增长率）

单位：%

项目	2001	2002	2003	2004	2005
M_2	14.4	16.8	20.0	14.7	17.6
M_1	12.7	16.8	18.7	13.6	11.8
M_0	7.1	10.1	14.3	8.7	11.9
金融机构各项存款	16.3	18.9	21.7	16.0	19.0
城乡居民储蓄	14.7	17.8	19.2	15.4	18.0
企业存款	16.2	16.3	20.8	16.8	13.6
金融机构各项贷款	11.6	15.8	21.1	14.5	13.0

注：由于统计制度的调整，本表增长率是经过调整的可比口径的同期比。

数据来源：中国人民银行。

附表 3-4 国际流动性

单位：百万美元

项目	2002	2003	2004	2005
总储备（减黄金）	291 128	408 129	613 725	821 514
特别提款权	998	1 080	912	1 251
在基金储备头寸	3 723	3 798	2 432	1 391
外汇	286 407	403 251	609 932	818 872
黄金（百万盎司）	19.29	19.29	19.29	19.29
黄金（折价）	4 074	4 074	4 074	4 074
存款货币银行国外负债	39 810	45 489	55 655	41 962

注：中国人民银行2001年12月和2002年12月对黄金和金银占款数据进行了调整。

数据来源：中国人民银行。

附表 3－5　黄金、外汇储备

年份	黄金储备（万盎司）	外汇储备（亿美元）	外汇储备比上年增长（%）
1993	1 267	212.0	9.0
1994	1 267	516.2	143.5
1995	1 267	736.0	42.6
1996	1 267	1 050.3	42.7
1997	1 267	1 398.9	33.2
1998	1 267	1 449.6	3.6
1999	1 267	1 546.8	6.7
2000	1 267	1 655.7	7.0
2001	1 608	2 121.7	28.1
2002	1 929	2 864.1	35.0
2003	1 929	4 032.5	40.8
2004	1 929	6 099.3	51.3
2005	1 929	8 188.7	34.3

注：中国人民银行于 2001 年 12 月和 2002 年 12 月对黄金储备数据进行了调整。

数据来源：中国人民银行。

附表 3－6　金融业资产负债主要项目简表

（本外币）

2005 年 12 月 31 日　　单位：亿元

项　目	余额合计
流动资产	243 476.39
长期资产	242 409.37
固定资产	6 283.28
无形资产及其他资产	10 571.26
资产总计	**502 740.30**
流动负债	236 615.08
长期负债	239 621.05
负债合计	476 236.13
所有者权益	26 504.18
其中：实收资本	17 294.91
负债及所有者权益总计	**502 740.30**

数据来源：中国人民银行。

附表 3－7　2005 年存款性公司概览

（季末余额）

单位：亿元

项　　目	第 1 季度	第 2 季度	第 3 季度	第 4 季度
国外净资产	58 477.4	65 421.2	69 287.0	75 722.5
国内信贷	229 149.8	232 885.7	241 467.6	249 560.3
对政府债权（净）	12 222.6	10 493.7	11 539.6	15 190.0
对非金融部门债权	197 827.0	198 627.5	203 350.8	205 952.5
对其他金融部门债权	19 100.2	23 764.5	26 577.2	28 417.7
货币和准货币	261 444.3	272 522.6	284 052.1	295 507.6
货币	94 738.1	98 597.3	100 960.5	107 275.6
流通中现金	21 239.0	20 848.8	22 272.9	24 031.7
活期存款	73 499.1	77 748.5	78 687.6	83 243.9
准货币	166 706.2	173 925.4	183 091.6	188 232.1
定期存款	35 706.7	39 767.9	44 728.0	45 224.7
储蓄存款	129 259.4	132 339.1	136 316.3	141 051.0
其他存款	1 740.1	1 818.3	2 047.3	1 956.4
不纳入广义货币的存款	12 854.3	13 110.2	12 160.7	12 361.9
债券	16 275.3	17 114.4	18 867.3	20 378.8
实收资本	10 491.2	11 755.9	10 130.1	10 796.3
其他（净）	－13 423.4	－16 186.0	－14 455.6	－13 761.8

数据来源：中国人民银行。

附表3－8　2005年政策性银行资产负债表

（季末余额）

单位：亿元

项　　目	第1季度	第2季度	第3季度	第4季度
国外资产	297.1	295.2	335.5	546.4
储备资产	430.4	327.6	510.1	798.1
准备金存款	428.1	325.3	506.9	796.3
库存现金	2.2	2.3	3.2	1.9
对政府债权	18.2	18.1	6.4	29.9
中央银行债券	221.4	236.0	107.5	209.5
对其他存款性公司债权	98.3	225.1	150.2	483.2
对其他金融性公司债权	1 000.0	1 000.0	1 000.0	1 000.0
对非金融性公司债权	23 271.7	24 447.7	25 349.7	26 367.6
对其他居民部门债权	9.4	10.9	10.4	15.1
其他资产	282.8	288.7	292.5	329.8
总资产	**25 629.2**	**26 849.3**	**27 762.2**	**29 779.7**
对非金融机构及住户负债	1 568.0	2 014.6	1 889.4	2 127.0
纳入广义货币的存款	1 135.2	1 495.9	1 392.1	1 605.4
企业活期存款	1 040.0	1 386.6	1 282.1	1 468.7
企业定期存款	95.3	109.3	110.0	136.7
居民储蓄存款				
不纳入广义货币的存款	388.0	515.0	493.3	514.8
可转让存款	126.7	386.1	367.1	388.6
其他存款	261.3	128.9	126.3	126.2
其他负债	44.8	3.7	3.9	6.8
对中央银行负债	5 879.0	5 692.0	5 230.0	5 230.0
对其他存款性公司负债	194.8	324.0	103.8	481.0
对其他金融性公司负债		3.4		
计入广义货币的存款				
国外负债	700.0	697.4	790.6	870.5
债券发行	14 667.3	15 510.0	16 845.3	18 071.6
实收资本	665.0	711.5	715.0	710.9
其他负债	1 955.1	1 896.3	2 188.3	2 288.7
总负债	**25 629.2**	**26 849.3**	**27 762.2**	**29 779.7**

数据来源：中国人民银行。

附表 3 -9　2005 年国有商业银行资产负债表

（季末余额）

单位：亿元

项　　目	第 1 季度	第 2 季度	第 3 季度	第 4 季度
国外资产	10 415. 5	11 294. 6	11 194. 2	13 850. 0
储备资产	16 951. 3	16 392. 5	17 830. 9	16 400. 9
准备金存款	15 886. 1	15 428. 4	16 707. 5	15 436. 2
库存现金	1 065. 1	964. 0	1 123. 5	964. 7
对政府债权	10 024. 7	10 299. 2	11 075. 3	11 418. 3
中央银行债券	8 574. 4	15 922. 0	18 557. 3	20 698. 7
对其他存款性公司债权	10 390. 3	12 010. 7	13 584. 0	14 260. 5
对其他金融性公司债权	8 164. 4	8 184. 2	8 712. 8	8 357. 8
对非金融性公司债权	91 620. 4	86 953. 0	87 437. 8	87 423. 4
对其他居民部门债权	15 512. 7	15 763. 2	15 895. 3	16 085. 9
其他资产	9 030. 2	10 490. 8	11 105. 3	11 837. 3
总资产	**180 684. 1**	**187 310. 1**	**195 392. 9**	**200 332. 6**
对非金融机构及住户负债	151 029. 2	155 375. 8	160 400. 7	163 061. 8
纳入广义货币的存款	142 002. 8	146 552. 4	152 128. 3	154 547. 6
企业活期存款	43 865. 2	45 477. 7	46 270. 5	47 508. 9
企业定期存款	16 301. 8	18 034. 3	20 468. 7	19 997. 8
居民储蓄存款	81 835. 9	83 040. 4	85 389. 1	87 040. 9
不纳入广义货币的存款	8 926. 1	8 701. 3	8 139. 5	8 287. 5
可转让存款	1 640. 5	1 684. 5	1 490. 6	1 631. 6
其他存款	7 285. 5	7 016. 7	6 648. 8	6 655. 9
其他负债	100. 3	122. 2	132. 9	226. 7
对中央银行负债	2 267. 0	1 900. 2	1 854. 5	1 802. 0
对其他存款性公司负债	3 884. 2	4 741. 0	5 306. 4	5 542. 1
对其他金融性公司负债	5 584. 8	6 087. 7	7 420. 3	7 571. 9
计入广义货币的存款	890. 0	984. 4	1 112. 6	986. 2
国外负债	1 584. 2	1 409. 5	1 205. 8	971. 0
债券发行	1 000. 4	1 000. 4	1 351. 2	1 353. 8
实收资本	5 633. 0	6 507. 8	4 725. 8	5 240. 5
其他负债	9 701. 4	10 287. 8	13 128. 4	14 789. 6
总负债	**180 684. 1**	**187 310. 1**	**195 392. 9**	**200 332. 6**

数据来源：中国人民银行。

附表 3-10　2005 年股份制商业银行资产负债表

（季末余额）

单位：亿元

项　　目	第 1 季度	第 2 季度	第 3 季度	第 4 季度
国外资产	1 697.6	1 971.8	1 740.0	1 938.0
储备资产	4 982.7	5 585.6	5 525.1	5 826.1
准备金存款	4 810.4	5 415.9	5 310.4	15 626.5
库存现金	172.3	169.7	214.7	199.6
对政府债权	3 064.6	3 065.0	3 315.5	3 494.6
中央银行债券	1 407.2	1 494.8	1 510.6	2 618.7
对其他存款性公司债权	4 568.9	5 734.2	6 426.3	7 009.4
对其他金融性公司债权	338.1	407.3	406.6	598.7
对非金融性公司债权	26 687.8	28 752.4	30 495.8	31 291.3
对其他居民部门债权	3 463.6	3 683.0	3 816.2	4 014.3
其他资产	2 308.7	2 476.2	2 438.2	2 208.3
总资产	**48 519.2**	**53 170.2**	**55 674.2**	**58 999.4**
对非金融机构及住户负债	37 656.1	41 180.6	43 061.9	45 771.0
纳入广义货币的存款	35 147.8	38 329.6	40 528.3	43 273.8
企业活期存款	14 728.5	15 873.9	15 717.2	16 977.2
企业定期存款	12 427.7	13 883.9	15 618.1	16 266.3
居民储蓄存款	7 991.6	8 571.8	9 193.0	10 030.3
不纳入广义货币的存款	2 460.5	2 796.4	2 473.0	2 425.6
可转让存款	500.2	651.2	469.1	531.5
其他存款	1 960.3	2 145.2	2 003.9	1 894.1
其他负债	47.8	54.6	60.6	71.6
对中央银行负债	14.2	13.9	12.4	29.8
对其他存款性公司负债	2 210.7	2 913.3	3 048.3	2 842.6
对其他金融性公司负债	4 092.8	4 055.9	4 189.9	4 402.4
计入广义货币的存款	785.8	739.1	849.7	892.2
国外负债	148.5	152.5	156.6	174.8
债券发行	564.2	561.7	628.9	859.1
实收资本	892.4	1 029.9	1 043.0	1 137.0
其他负债	2 940.2	3 262.5	3 533.2	3 782.7
总负债	**48 519.2**	**53 170.2**	**55 674.2**	**58 999.4**

数据来源：中国人民银行。

附表 3－11　2005 年城市商业银行资产负债表
（季末余额）

单位：亿元

项　　目	第 1 季度	第 2 季度	第 3 季度	第 4 季度
国外资产	97.5	105.8	109.4	98.6
储备资产	1 380.1	1 588.7	1 593.4	2 186.6
准备金存款	1 288.5	1 494.5	1 494.7	2 079.6
库存现金	91.5	94.2	98.7	107.1
对政府债权	2 022.8	2 005.1	2 184.3	2 460.2
中央银行债券	183.2	240.0	184.2	257.7
对其他存款性公司债权	1 949.5	2 410.7	2 540.5	2 621.8
对其他金融性公司债权	211.2	220.6	212.8	298.5
对非金融性公司债权	8 657.0	9 213.4	9 785.1	10 113.0
对其他居民部门债权	938.2	973.9	982.4	1 012.4
其他资产	1 087.0	1 143.3	1 173.9	1 221.4
总资产	**16 526.3**	**17 901.4**	**18 766.0**	**20 270.2**
对非金融机构及住户负债	13 540.2	14 539.3	15 382.3	16 931.9
纳入广义货币的存款	13 391.3	14 378.5	15 205.8	16 744.9
企业活期存款	6 070.3	6 529.2	6 709.4	7 652.2
企业定期存款	3 279.5	3 613.5	3 959.6	4 176.1
居民储蓄存款	4 041.6	4 235.8	4 536.8	4 916.6
不纳入广义货币的存款	136.2	145.3	160.0	166.9
可转让存款	41.3	49.1	54.9	53.5
其他存款	94.9	96.2	105.1	113.5
其他负债	12.7	15.5	16.5	20.1
对中央银行负债	97.8	78.7	62.2	64.8
对其他存款性公司负债	1 354.6	1 631.0	1 592.4	1 342.0
对其他金融性公司负债	361.8	395.3	364.0	373.4
计入广义货币的存款	64.3	94.7	84.7	75.9
国外负债	3.4	2.0	0.5	0.4
债券发行	30.6	30.4	30.0	73.0
实收资本	469.6	481.3	487.7	591.6
其他负债	668.2	743.5	846.8	893.2
总负债	**16 526.3**	**17 901.4**	**18 766.0**	**20 270.2**

数据来源：中国人民银行。

附表 3－12　2005 年外资银行资产负债表

（季末余额）

单位：亿元

项　　目	第 1 季度	第 2 季度	第 3 季度	第 4 季度
国外资产	1 563.6	1 569.5	1 356.5	1 547.4
储备资产	189.5	199.3	320.3	364.9
准备金存款	188.7	198.5	319.3	363.6
库存现金	0.7	0.8	1.0	1.3
对政府债权	120.8	126.4	82.4	101.8
中央银行债券				
对其他存款性公司债权	778.1	862.3	880.8	952.2
对其他金融性公司债权	24.6	21.8	22.8	26.4
对非金融性公司债权	2 683.4	2 904.6	3 031.6	3 183.7
对其他居民部门债权	10.4	13.0	13.6	15.1
其他资产	115.2	137.0	157.0	161.5
总资产	**5 485.5**	**5 833.7**	**5 865.1**	**6 353.0**
对非金融机构及住户负债	1 450.9	1 536.0	1 608.9	1 793.0
纳入广义货币的存款	655.2	744.1	868.4	980.2
企业活期存款	328.0	350.2	390.5	463.0
企业定期存款	327.0	393.6	476.9	516.8
居民储蓄存款	0.2	0.3	1.0	0.4
不纳入广义货币的存款	795.7	791.9	740.4	812.7
可转让存款	518.6	514.5	453.6	479.1
其他存款	277.1	277.4	286.9	333.6
其他负债				
对中央银行负债				
对其他存款性公司负债	467.6	475.2	500.4	603.4
对其他金融性公司负债	67.6	75.3	81.3	89.5
计入广义货币的存款				
国外负债	2 765.9	2 929.6	2 806.3	2 973.1
债券发行	12.8	11.8	12.0	21.1
实收资本	483.5	510.2	543.6	571.4
其他负债	237.2	295.5	312.7	301.4
总负债	**5 485.5**	**5 833.7**	**5 865.1**	**6 353.0**

数据来源：中国人民银行。

附表 3－13　2005 年城市信用社资产负债表

（季末余额）

单位：亿元

项　　目	第 1 季度	第 2 季度	第 3 季度	第 4 季度
国外资产				
储备资产	165.5	186.1	178.5	330.4
准备金存款	150.7	170.6	161.2	311.3
库存现金	14.8	15.5	17.3	19.1
对政府债权	44.6	47.1	51.6	64.4
中央银行债券	3.4	3.6	3.2	2.5
对其他存款性公司债权	319.6	344.7	353.3	352.5
对其他金融性公司债权	8.8	8.0	8.0	7.3
对非金融性公司债权	1 019.0	1 088.1	1 049.1	1 115.7
对其他居民部门债权	28.0	28.7	30.0	32.7
其他资产	138.0	140.5	144.2	144.8
总资产	**1 726.8**	**1 846.8**	**1 817.8**	**2 050.3**
对非金融机构及住户负债	1 540.2	1 640.2	1 603.8	1 814.1
纳入广义货币的存款	1 539.2	1 639.1	1 603.1	1 813.1
企业活期存款	476.5	521.7	508.1	613.4
企业定期存款	235.8	257.4	245.0	273.5
居民储蓄存款	826.8	860.0	849.9	926.5
不纳入广义货币的存款				
可转让存款				
其他存款				
其他负债	1.0	1.1	0.7	0.9
对中央银行负债	21.8	20.6	18.9	16.9
对其他存款性公司负债	96.9	102.3	110.7	108.3
对其他金融性公司负债	4.4	2.5	3.5	4.9
计入广义货币的存款				1.4
国外负债				
债券发行				
实收资本	45.2	47.5	45.2	52.7
其他负债	18.4	33.8	35.7	53.4
总负债	**1 726.8**	**1 846.8**	**1 817.8**	**2 050.3**

数据来源：中国人民银行。

附表 3－14　2005 年农村信用社资产负债表

（季末余额）

单位：亿元

项　目	第 1 季度	第 2 季度	第 3 季度	第 4 季度
国外资产	16.9	17.0	16.9	14.7
储备资产	3 211.6	2 998.5	3 092.4	4 779.7
准备金存款	2 685.6	2 487.4	2 512.0	4 314.1
库存现金	526.0	511.1	580.4	465.6
对政府债权	1 075.8	1 040.0	883.6	1 019.9
中央银行债券	54.0	122.0	36.2	31.5
对其他存款性公司债权	4 069.5	4 292.5	3 956.2	3 373.2
对其他金融性公司债权	121.5	116.0	116.3	115.9
对非金融性公司债权	19 770.0	19 822.9	19 375.2	18 551.9
对其他居民部门债权	517.6	550.0	494.8	456.8
其他资产	2 516.9	2 948.4	3 306.8	3 410.6
总资产	**31 353.9**	**31 907.2**	**31 278.4**	**31 754.3**
对非金融机构及住户负债	27 743.2	27 874.8	27 362.1	27 698.1
纳入广义货币的存款	27 672.5	27 804.0	27 295.1	27 645.0
企业活期存款	4 571.3	4 633.5	4 361.0	4 436.1
企业定期存款	1 459.9	1 473.7	1 457.3	1 462.4
居民储蓄存款	21 641.2	21 696.8	21 476.8	21 746.6
不纳入广义货币的存款	46.9	45.0	41.9	29.3
可转让存款	2.0	2.1	1.8	2.0
其他存款	44.9	42.9	40.1	27.3
其他负债	23.9	25.8	25.1	23.8
对中央银行负债	969.7	937.4	845.8	639.6
对其他存款性公司负债	822.2	897.9	764.7	845.7
对其他金融性公司负债	19.1	65.9	28.4	65.8
计入广义货币的存款				
国外负债				
债券发行				
实收资本	1 662.2	1 806.2	1 830.6	1 717.8
其他负债	137.5	325.1	446.8	787.3
总负债	**31 353.9**	**31 907.2**	**31 278.4**	**31 754.3**

数据来源：中国人民银行。

附表 3 - 15　2005 年邮政储汇局资产负债表

（季末余额）

单位：亿元

项　　目	第 1 季度	第 2 季度	第 3 季度	第 4 季度
国外资产				
储备资产	8 822.4	8 770.8	8 391.0	8 635.3
准备金存款	8 654.6	8 650.4	8 230.1	8 259.2
库存现金	167.8	120.4	160.9	376.1
对政府债权	170.0	141.1	211.5	541.3
中央银行债券	606.2	998.0	851.8	1 054.8
对其他存款性公司债权	2 007.4	2 471.8	2 694.2	3 449.2
对其他金融性公司债权	1.0	4.8	27.2	49.7
对非金融性公司债权	6.7	6.7	15.4	90.1
对其他居民部门债权				
其他资产	306.7	-4.8	499.0	-33.5
总资产	**11 920.4**	**12 388.5**	**12 690.0**	**13 786.8**
对非金融机构及住户负债	11 852.6	12 284.6	12 595.1	13 599.0
纳入广义货币的存款	11 852.6	12 284.6	12 594.9	13 599.0
企业活期存款				
企业定期存款				
居民储蓄存款	11 852.6	12 284.6	12 594.9	13 599.0
不纳入广义货币的存款			0.2	
可转让存款				
其他存款			0.2	
其他负债				
对中央银行负债	28.5	11.2	0.1	0.2
对其他存款性公司负债	15.0	45.0	40.0	138.9
对其他金融性公司负债	12.6	14.1	14.1	6.0
计入广义货币的存款				
国外负债				
债券发行				
实收资本				
其他负债	11.8	33.6	40.8	42.8
总负债	**11 920.4**	**12 388.5**	**12 690.0**	**13 786.8**

数据来源：中国人民银行。

附表 3－16　2005 年财务公司资产负债表

（季末余额）

单位：亿元

项　　目	第 1 季度	第 2 季度	第 3 季度	第 4 季度
国外资产	16.6	15.5	13.1	13.8
储备资产	231.9	298.4	290.8	326.4
准备金存款	231.8	298.3	290.8	326.4
库存现金	0.1	0.1	0.1	0.1
对政府债权	297.5	309.8	285.2	266.0
中央银行债券	144.5	125.7	127.0	51.6
对其他存款性公司债权	1 093.9	1 619.8	1 682.8	1 815.7
对其他金融性公司债权	57.9	109.2	101.2	176.5
对非金融性公司债权	2 120.0	2 246.5	2 518.4	2 624.3
对其他居民部门债权	11.1	12.9	13.1	14.2
其他资产	38.7	70.5	44.8	89.8
总资产	**4 012.1**	**4 808.3**	**5 076.4**	**5 378.4**
对非金融机构及住户负债	3 108.4	3 745.8	3 897.4	4 351.3
纳入广义货币的存款	3 010.7	3 634.4	3 789.2	4 244.5
企业活期存款	1 780.8	2 105.7	2 009.1	2 553.3
企业定期存款	1 229.9	1 528.7	1 780.1	1 691.3
居民储蓄存款				
不纳入广义货币的存款	92.0	105.7	102.5	101.3
可转让存款	86.5	99.0	99.7	94.8
其他存款	5.5	6.7	2.8	6.5
其他负债	5.7	5.7	5.8	5.5
对中央银行负债	5.3	7.4	3.3	11.9
对其他存款性公司负债	286.0	375.2	412.2	311.0
对其他金融性公司负债	24.5	49.8	105.1	18.9
计入广义货币的存款			0.4	0.8
国外负债	0.9	0.7	0.7	0.5
债券发行				
实收资本	363.3	354.9	393.1	402.3
其他负债	223.6	274.6	264.6	282.4
总负债	**4 012.1**	**4 808.3**	**5 076.4**	**5 378.4**

数据来源：中国人民银行。

附表 3－17 证券市场概况

年　　份	1992	1993	1994	1995	1996	1997
境内上市公司数（A、B 股）（家）	53	183	291	323	530	745
境内上市外资股（B 股）（家）	18	41	58	70	85	101
境外上市公司数（H 股）（家）	—	6	15	18	25	42
发行股数（亿股）	68.87	387.73	684.54	848.42	1 219.54	1 942.67
其中：流通股本（亿股）	21.18	107.88	226.04	301.46	429.85	671.44
股票市价总值（百万元）	1 048.13	3 531.01	3 690.61	3 474.28	9 842.39	17 529.24
其中：股票流通市值（亿元）	—	861.62	968.89	938.22	2 867.03	5 204.42
股票交易量（百万股）	3 795.39	23 422.17	201 333.91	70 547.06	253 314.06	256 079.12
股票成交金额（亿元）	681.25	3 667.02	8 127.63	4 036.47	21 332.16	30 721.84
上证综合指数（收盘）	780.39	833.80	647.87	555.29	917.01	1 194.10
深证综合指数（收盘）	241.21	238.27	140.63	113.24	327.45	381.29
投资者账户（万户）	216.65	835.17	1 107.76	1 294.19	2 422.08	3 480.26
平均市盈率						
上海	—	42.48	23.45	15.70	31.32	39.86
深圳	—	42.69	10.28	9.46	35.42	41.24
平均换手率（%）						
上海	—	—	1 134.65	528.72	913.43	701.81
深圳	—	—	583.83	254.52	1 350.35	817.43
国债发行额（亿元）	460.78	381.31	1 137.55	1 510.86	1 847.77	2 411.79
企业债发行额（亿元）	683.71	235.84	161.75	300.80	268.92	255.23
债券成交量（万手）	—	—	—	100 660.50	174 297.17	161 732.38
债券成交额（亿元）	—	—	—	59 367.61	18 039.35	16 476.89
国债现货成交金额（亿元）	7.1276	61.02	468.37	775.20	5 029.24	3 582.75
国债回购成交金额（亿元）	0	0.42	75.78	1 248.52	13 008.64	12 876.06
证券投资基金只数（只）	—	—	—	—	—	—
证券投资基金规模（亿元）	—	—	—	—	—	—
证券投资基金成交金额（亿元）	—	—	—	—	—	—
期货成交总量（万手）	—	890.69	12 110.72	63 612.07	34 256.77	15 876.32
期货成交额（亿元）	—	5 521.99	31 601.41	100 565.00	84 119.16	61 170.66

数据来源：中国证监会。

统计表

单位：亿元

1998	1999	2000	2001	2002	2003	2004	2005
851	949	1 088	1 160	1 224	1 287	1 377	1 381
106	108	114	112	111	111	110	109
43	46	52	60	75	93	111	122
2 526. 79	3 088. 95	3 791. 71	5 218. 01	5 875. 45	6 428. 46	7 149. 43	7 629. 51
861. 94	1 079. 65	1 354. 26	1 813. 17	2 036. 90	2 269. 92	2 577. 18	2 914. 77
19 505. 64	26 471. 17	48 090. 94	43 522. 20	38 329. 13	42 457. 72	37 055. 57	32 430. 28
5 745. 59	8 213. 97	16 087. 52	315 228. 76	12 484. 55	13 178. 52	11 688. 64	10 630. 51
215 411. 00	293 238. 88	475 840. 00	315 228. 76	301 619. 49	416 308. 40	582 773. 29	662 373. 2
23 544. 25	31 319. 60	60 826. 65	38 305. 18	27 990. 46	32 115. 27	42 333. 95	31 664. 78
1 146. 70	1 366. 58	2 073. 48	1 645. 97	1 357. 65	1 497. 04	1 266. 50	1 161. 06
343. 85	402. 18	635. 73	475. 94	388. 76	378. 62	315. 81	278. 75
4 259. 88	4 810. 63	6 123. 24	6 898. 68	6 841. 84	6 981. 24	7 215. 74	7 336. 07
34. 38	38. 13	58. 22	37. 71	34. 43	36. 54	24. 23	16. 33
32. 31	37. 56	56. 03	39. 79	36. 97	36. 19	24. 63	16. 36
453. 63	471. 46	492. 87	269. 33	214. 00	250. 75	288. 71	274. 37
406. 56	424. 52	509. 10	227. 89	198. 79	214. 18	288. 29	316. 43
3 808. 77	4 015. 00	4 657. 00	4 884. 00	5 934. 30	6 280. 10	6 923. 90	7 042. 00
147. 89	158. 20	83. 00	147. 00	325. 00	358. 00	327. 00	2 046. 50
203 161. 40	170 716. 33	197 979. 00	204 707. 68	329 252. 26	620 194. 41	504 218. 50	283 714. 36
21 661. 78	18 284. 12	19 119. 16	20 417. 76	33 249. 53	62 136. 36	50 323. 50	28 367. 85
6 059. 95	5 300. 87	4 157. 49	4 815. 59	8 708. 68	5 756. 11	2 966. 46	2 780. 63
15 540. 84	12 890. 53	14 733. 68	15 487. 63	24 419. 64	52 999. 85	44 086. 61	23 621. 17
6	22	34	51	71	95	161	218. 00
120. 00	510. 00	562. 00	804. 23	1 318. 85	1 614. 67	3 308. 79	4 714. 18
555. 33	1 623. 12	2 465. 79	2 561. 88	1 166. 58	682. 65	728. 58	773. 15
10 455. 57	7 363. 91	5 461. 07	12 046. 35	13 943. 37	27 992. 43	30 569. 76	32 287. 41
36 967. 24	22 343. 01	16 082. 29	30 144. 98	39 490. 28	108 396. 59	146 935. 32	134 463. 38

附表 3－18 股票市值与 GDP 的比率

单位：亿元，%

年 份	GDP	市价总值	比率	GDP	流通市值	比率
1992	26 638. 10	1 048. 13	3. 93	26 638. 10	—	—
1993	34 634. 40	3 531. 01	10. 20	34 634. 40	—	—
1994	46 759. 40	3 690. 62	7. 89	46 759. 40	964. 82	2. 06
1995	58 478. 10	3 474. 00	5. 94	58 478. 10	937. 94	1. 60
1996	67 884. 60	9 842. 37	14. 50	67 884. 60	2 867. 03	4. 22
1997	74 772. 40	17 529. 23	23. 44	74 772. 40	5 204. 43	6. 96
1998	79 552. 80	19 505. 64	24. 52	79 552. 80	5 745. 59	7. 22
1999	82 054. 00	26 471. 17	32. 26	82 054. 00	8 213. 97	10. 01
2000	89 404. 00	48 090. 94	53. 79	89 404. 00	16 087. 52	17. 99
2001	95 933. 00	43 522. 19	45. 37	95 933. 00	14 463. 16	15. 08
2002	102 398. 00	38 329. 12	37. 43	102 398. 00	12 484. 55	12. 19
2003	116 694. 00	42 457. 72	36. 38	116 694. 00	13 178. 52	11. 29
2004	159 587. 00	37 055. 57	23. 22	159 587. 00	11 688. 64	7. 32
2005	183 192. 00	32 430. 28	17. 70	183 192. 00	10 630. 51	5. 80

注：2004 年、2005 年 GDP 根据国家统计局的第一次证券业经济普查数据进行了调整。

数据来源：中国证监会、国家统计局。

附表 3－19 境内股票筹资额和银行贷款增加额的比率

单位：亿元，%

年 份	境内股票筹资额	银行贷款增加额	比率
1993	314. 54	6 335. 40	4. 96
1994	138. 05	7 216. 62	1. 91
1995	118. 86	9 339. 82	1. 27
1996	341. 52	10 683. 33	3. 20
1997	933. 82	10 712. 47	8. 72
1998	803. 57	11 490. 94	6. 99
1999	897. 39	10 846. 36	8. 27
2000	1 541. 02	13 346. 61	11. 55
2001	1 182. 13	12 439. 41	9. 50
2002	779. 75	18 979. 20	4. 11
2003	823. 10	27 702. 30	2. 97
2004	862. 67	19 201. 60	4. 49
2005	338. 13	16 492. 60	2. 05

注：境内股票筹资额为 A、B 股筹资额。

数据来源：中国人民银行、中国证监会、国家统计局。

附表 3-20 股票市场概况

年 份		1992	1993	1994	1995	1996	1997
境内上市公司数(A、B股)(家)		53	183	291	323	530	745
其中：ST公司数（家）		—	—	—	—	—	—
中小板公司数（家）		—	—	—	—	—	—
境内上市外资股（B股）（家）		18	41	58	70	85	101
其中：ST公司数（家）		—	—	—	—	—	—
发行股数（百万股）		7 322. 20	32 867. 50	63 947. 08	76 563. 11	111 036. 04	177 123. 19
其中：中小板发行股数		—	—	—	—	—	—
市价总值（百万元）		104 814. 9	354 152. 07	369 061. 68	347 427. 64	984 238. 66	1 752 923. 70
其中：中小板市价总值		—	—	—	—	—	—
流通总值（百万元）		—	86 162. 97	96 890. 11	93 821. 91	286 704. 01	520 442. 39
其中：中小板流通市值		—	—	—	—	—	—
成交量（百万股）	合计	3 689. 78	22 656. 47	101 333. 91	70 530. 78	253 314. 43	256 001. 89
	日平均	14. 41	87. 92	402. 12	283. 19	1 025. 57	1 053. 51
	中小板	—	—	—	—	—	—
成交金额（百万元）	合计	68 303. 73	362 720. 32	812 762. 89	403 645. 27	2 133 217. 43	3 072 183. 20
	日平均	266. 53	1 407. 49	3 225. 25	1 618. 56	8 636. 51	12 642. 73
	中小板	—	—	—	—	—	—
平均换手率（%）	上海	—	—	1 134. 65	528. 72	913. 43	701. 81
	深圳	—	—	583. 83	254. 52	1 350. 35	817. 43
	中小板	—	—	—	—	—	—
平均市盈率	上海	—	42. 48	23. 45	15. 70	31. 32	39. 86
	深圳	—	42. 69	10. 37	9. 35	35. 42	39. 86
	中小板	—	—	—	—	—	—
上证指数	开盘	—	802. 14	837. 70	637. 72	550. 26	914. 06
	最高	1 429. 01	1 558. 95	1 052. 94	926. 41	1 258. 69	1 510. 18
	月日	1992-05-26	1993-02-16	1994-09-13	1995-05-22	1996-12-11	1997-05-12
	最低	292. 76	750. 46	325. 89	524. 43	512. 83	870. 18
	月日	1992-01-02	1993-12-20	1994-07-29	1995-02-07	1996-01-19	1997-02-20
	平均	668. 52	1 013. 39	674. 10	657. 80	764. 65	1 175. 59
	收盘	—	833. 80	647. 87	555. 29	917. 02	1 194. 10
深证指数	开盘	110. 53	241. 21	238. 28	139. 62	112. 85	326. 33
	最高	312. 21	359. 44	242. 06	169. 66	473. 02	517. 91
	月日	1992-05-26	1993-02-22	1994-01-07	1995-05-22	1996-12-11	1997-05-12
	最低	107. 08	203. 91	96. 56	112. 63	105. 34	305. 81
	月日	1992-01-16	1993-07-21	1994-07-29	1995-12-28	1996-01-22	1997-01-06
	平均	215. 76	277. 51	165. 86	131	224. 67	388. 16
	收盘	241. 21	238. 28	140. 63	113. 25	327. 34	381. 29

数据来源：上海、深圳证券交易所。

统计表

1998	1999	2000	2001	2002	2003	2004	2005
851	949	1 088	1 160	1 224	1 287	1 377	1 381
29	56	61	47	89	99	135	115
—	—	—	—	—	—	38	50
106	108	114	112	111	111	110	109
4	11	11	7	13	14	20	15
234 535. 36	290 885. 19	361 339. 05	483 835. 69	546 299. 21	599 794. 35	671 473. 31	716 354. 05
—	—	—	—	—	—	3 223. 36	5 614. 41
1 952 181. 21	2 647 117. 52	4 809 094. 43	4 352 220. 39	3 832 912. 86	4 245 771. 60	3 705 556. 82	3 243 028. 14
—	—	—	—	—	—	41 343. 14	48 115. 15
574 537. 94	821 396. 38	1 608 751. 96	1 446 317. 01	1 248 455. 65	1 317 851. 70	1 168 863. 95	1 063 051. 43
—	—	—	—	—	—	11 996. 09	18 529. 34
215 246. 10	293 238. 88	475 838. 21	315 228. 76	301 619. 49	416 308. 40	582 773. 29	662 373. 20
888. 39	1 226. 94	1 990. 96	1 313. 45	1 272. 66	1 727. 40	2 398. 25	2 737. 08
—	—	—	—	—	—	5 915. 87	13 029. 95
2 352 731. 48	3 131 960. 25	6 082 664. 99	3 830 518. 00	2 799 045. 51	3 211 527. 00	4 233 394. 72	3 166 477. 62
9 710. 80	13 104. 44	25 450. 48	15 960. 00	11 810. 32	13 325. 80	17 421. 38	13 084. 62
—	—	—	—	—	—	82 263. 06	120 392. 27
453. 63	471. 46	492. 87	269. 33	214. 00	250. 75	288. 71	274. 37
406. 56	424. 52	509. 10	227. 89	198. 79	214. 18	288. 29	316. 43
—	—	—	—	—	—	617. 75	999. 70
34. 38	38. 13	58. 22	37. 71	34. 43	36. 54	24. 23	16. 33
30. 59	36. 30	56. 04	39. 79	36. 97	36. 19	24. 63	16. 36
—	—	—	—	—	—	31. 33	24. 49
1 200. 95	1 144. 89	1 368. 69	2 077. 08	1 643. 49	1 347. 43	1 492. 72	1 260. 782
1 422. 98	1 756. 18	2 125. 72	2 245. 00	1 748. 89	1 649. 60	1 783. 01	1 328. 53
1998 -06 -04	1999 -06 -30	2000 -11 -23	2001 -06 -13	2002 -06 -25	2003 -04 -16	2004 -04 -07	2005 -02 -25
1 043. 02	1 047. 83	1 361. 21	1 515. 00	1 339. 20	1 307. 40	1 259. 43	998. 23
1998 -08 -18	1999 -05 -17	2000 -01 -04	2001 -10 -22	2002 -01 -29	2003 -04 -07	2004 -09 -13	2005 -06 -06
1 261. 04	1 377. 33	1 882. 00	1 956. 00	1 567. 23	1 467. 75	1 482. 85	1 153. 55
1 146. 70	1 366. 58	2 073. 48	1 645. 97	1 357. 65	1 497. 04	1 266. 50	1 161. 057
382. 85	343. 29	402. 71	636. 62	475. 14	386. 61	377. 93	313. 81
441. 04	525. 14	654. 37	664. 85	512. 38	449. 42	470. 55	333. 28
1998 -06 -03	1999 -06 -29	2000 -11 -23	2001 -06 -13	2002 -06 -24	2003 -04 -15	2004 -04 -07	2005 -03 -09
317. 1	310. 65	414. 69	439. 36	371. 79	350. 74	315. 17	237. 18
1998 -08 -18	1999 -05 -18	2000 -01 -04	2001 -10 -22	2002 -01 -22	2003 -11 -18	2004 -09 -13	2005 -07 -18
384. 7	407. 62	579. 61	580. 9	455. 65	404. 08	379. 43	282. 64
343. 85	402. 18	635. 73	475. 94	388. 76	378. 63	315. 81	278. 75

附表 3－21　中国债券发行情况汇总表

单位：亿元

年份	国　债			金融债			次级债			企业债		
	发行额	兑付额	期末余额	发行额	兑付额	期末余额	发行额	兑付额	期末余额	发行额	兑付额	期末余额
1990	197.23	76.22	890.34	64.40	50.07	84.88	—	—	—	126.37	77.29	195.44
1991	281.25	111.60	1 059.99	66.91	33.67	118.12	—	—	—	249.96	114.31	331.09
1992	460.78	238.05	1 282.72	55.00	30.00	143.12	—	—	—	683.71	192.76	822.04
1993	381.31	123.29	1 540.74	—	34.29	108.83	—	—	—	235.84	255.48	802.40
1994	1 137.55	391.89	2 286.40	—	13.54	95.29	—	—	—	161.75	282.04	682.11
1995	1 510.86	496.96	3 300.30	—	—	1 708.49	—	—	—	300.80	336.30	646.61
1996	1 847.77	786.64	4 361.43	1 055.60	254.50	2 509.59	—	—	—	268.92	317.80	597.73
1997	2 411.79	1 264.29	5 508.93	1 431.50	312.30	3 628.80	—	—	—	255.23	219.81	521.02
1998	3 808.77	2 060.86	7 765.70	1 950.23	320.40	5 121.13	—	—	—	147.89	105.25	676.93
1999	4 015.00	1 238.70	10 542.00	1 800.89	473.20	6 447.48	—	—	—	158.20	56.50	778.63
2000	4 657.00	2 179.00	13 020.00	1 645.00	709.20	7 383.28	—	—	—	83.00	—	861.63
2001	4 884.00	2 286.00	15 618.00	2 590.00	1 438.80	8 534.48	—	—	—	147.00	—	—
2002	5 934.30	2 216.20	19 336.10	3 075.00	1 555.70	10 054.10	—	—	—	325.00	—	—
2003	6 280.10	2 755.80	22 603.60	4 561.40	2 505.30	11 650.00	—	—	—	358.00	—	—
2004	6 923.90	3 749.90	25 777.60	4 148.00	1 778.70	14 019.30	918.80	—	918.80	327.00	—	—
2005	7 042.00	4 045.50	28 774.00	5 851.70	2 053.00	17 818.00	966.30	—	1 885.10	2 046.50	37.00	—

注：2004 年 10 月中国民生银行发行次级债 58.1 亿元，于 2005 年进行登记，故将 2004 年次级债数据进行了调整。

数据来源：中国人民银行。

附表 3－22 中国保险业发展概况统计表

单位：万元，%

	1999	2000	比上年增/减	2001	比上年增/减	2002	比上年增/减	2003	比上年增/减	2004	比上年增/减	2005	比上年增/减
保费收入	13 932 179	15 958 577	14.5	**21 093 543**	32.2	**30 531 391**	44.7	**38 803 961**	27.1	**43 181 349.8**	11.3	**49 273 350**	14.1
1. 财产险	5 211 215	5 983 900	14.8	6 853 912	14.5	7 782 974	13.6	8 694 049	11.7	10 898 858.9	25.4	**12 298 600**	12.8
2. 人身意外伤害	672 549	808 154	20.2	748 358	-7.4	787 138	5.2	995 817	26.5	1 170 697.48	17.6	**1 408 938**	20.4
3. 健康险	365 384	654 806	79.2	615 512	-6.0	1 224 491	98.9	2 419 241	97.6	2 598 770.68	7.4	**3 123 019**	20.2
4. 寿险	7 683 031	8 511 717	10.8	12 875 762	51.3	20 736 847	61.1	26 694 854	28.7	28 513 022	6.8	**32 442 793**	13.8
赔款、给付	5 102 436	**5 273 572**	3.4	**5 982 472**	13.4	**7 067 309**	18.1	**8 410 137**	19.0	**10 044 403.3**	19.4	**11 296 695**	12.5
1. 财产险	2 802 422	3 058 896	9.2	3 329 309	8.8	4 049 198	21.6	4 763 183	17.6	5 675 226.15	19.1	**6 717 468**	18.4
2. 人身意外伤害	267 270	323 606	21.1	290 011	-10.4	267 322	-7.8	306 473	14.6	394 216.48	28.6	**435 112**	10.4
3. 健康险	110 025	129 166	17.4	335 189	159.5	499 370	49.0	699 019	40.0	891 031.9	27.5	**1 079 160**	21.1
4. 寿险	1 922 719	1 761 904	-8.4	2 027 963	15.1	2 251 419	11.0	2 641 463	17.3	3 083 928.81	16.8	**3 064 955**	-0.6
营业费用	1 827 345	2 166 086	18.5	2 583 581	19.3	3 143 722	21.7	3 612 184	14.9	4 358 195.9	20.7	**5 259 627**	20.7
银行存款	9 259 787	12 353 827	33.4	19 305 949	56.3	30 262 700	56.8	45 496 683	50.3	49 687 838.8	9.2	**52 414 307**	5.5
投资	8 914 152	13 032 248	46.2	17 125 878	31.4	25 040 608	46.2	38 288 655	52.9	57 119 395	49.2	**88 944 100**	55.7
其中：国债	6 784 880	9 559 535	40.9	7 958 294	-16.8	11 078 479	39.2	14 068 963	27.0	26 517 067.9	88.5	**35 882 884**	35.3
证券投资基金	147 909	1 335 396	802.8	2 089 939	56.5	3 077 758	47.3	4 632 840	50.5	6 731 655.4	45.3	**10 992 068**	63.3
资产总额	26 040 938	33 738 948	29.6	45 913 431	36.1	64 940 741	41.4	91 228 392	40.5	118 535 465	29.9	152 259 681	28.5

注：①保费收入、赔款给付、营业费为 1～12 月份数据；

②银行存款、投资、资产总额为 12 月末数据。

数据来源：根据中国保监会网站公布的数据整理。

附表 3-23　2005 年中国财产险业发展概况统计表

单位：万元,%

	保费收入	同比增长	赔付支出	同比增长
合计	12 827 369.87	14.03	6 910 943.43	18.71
企业财产保险	1 487 820.99	7.90	926 733.01	31.84
机动车辆保险	8 578 846.81	13.82	4 844 929.34	16.70
责任保险	453 233.16	35.71	175 842.39	-0.62
意外伤害保险	464 322.92	45.40	156 518.02	65.64
短期健康险	51 416.67	85.56	25 571.48	90.68
其他	1 791 729.32	9.07	781 349.19	21.42

注：由于统计口径及时点的不同，本表数据与附表 3-22 数据有差别。

数据来源：中国保监会。

附表 3-24　2005 年中国寿险业发展概况统计表

单位：万元,%

		保费收入	赔款支出	年金给付	满期给付	死伤医疗给付
合计		36 485 369.06	1 164 265.01	1 270 328.46	1 402 913.94	618 144.30
个人业务		28 987 217.92	449 576.62	1 270 328.46	776 393.38	505 403.38
团体业务		7 498 151.14	714 688.38	1 270 328.46	626 520.55	112 740.91
分渠道	专业代理	97 347.24				
	个人代理	19 542 225.95				
	兼业代理	287 261.81				

注：由于统计口径及时点的不同，本表数据与附表 3-22 数据有差别。

数据来源：中国保监会。

附表 3-25　2005 年各省、自治区、直辖市保险业务情况

单位：百万元,%

地区名称	全部业务		财产险业务			人身险业务		
	保费收入	同比增长	保费收入	同比增长	市场占比	保费收入	同比增长	市场占比
北京	49 691.23	75.03	6 696.11	1.61	13.48	42 995.12	97.22	86.52
江苏	43 333.67	3.84	9 351.53	11.98	21.58	33 982.14	1.80	78.42
广东	39 152.78	13.89	11 813.17	13.02	30.17	27 339.61	14.28	69.83
上海	33 404.17	8.76	8 847.63	18.26	26.49	24 556.54	5.70	73.51
山东	29 123.49	7.50	7 203.15	18.80	24.73	21 920.34	4.24	75.27
浙江	26 208.79	7.36	8 860.86	19.22	33.81	17 347.93	2.17	66.19
河北	21 731.32	5.80	5 363.42	7.63	25.35	16 367.99	5.21	74.65
河南	21 302.07	5.44	3 665.50	11.37	17.20	17 636.57	4.29	82.80

续表

地区名称	全部业务		财产险业务			人身险业务		
	保费收入	同比增长	保费收入	同比增长	市场占比	保费收入	同比增长	市场占比
四川	18 935.09	18.53	4 888.87	7.71	25.82	14 046.22	22.83	74.18
辽宁	16 729.98	8.89	3 943.31	14.49	23.57	12 786.67	7.27	76.43
黑龙江	13 964.32	9.41	2 152.97	21.49	15.42	11 811.35	7.46	84.58
湖北	13 472.45	10.51	3 636.34	26.00	26.99	9 836.11	5.71	73.01
安徽	13 325.53	9.01	3 168.82	17.11	23.78	**10 156.71**	6.71	76.22
湖南	12 724.82	9.96	2 970.16	19.56	23.34	9 754.66	7.33	76.66
福建	12 577.67	9.66	3 137.91	10.89	24.95	9 439.78	9.26	75.05
山西	12 176.73	16.92	3 157.53	9.10	25.93	9 019.20	19.94	74.07
深圳	10 648.20	16.03	5 013.52	13.25	47.08	5 634.68	18.62	52.92
陕西	9 739.20	17.95	2 391.04	9.65	24.55	7 348.16	20.94	75.45
天津	9 064.29	16.97	2 181.99	17.73	24.07	6 882.30	10.38	75.93
江西	8 979.04	12.12	1 817.15	17.53	20.24	7 161.89	10.83	79.76
云南	8 094.84	9.14	2 908.47	9.63	35.93	5 186.37	8.86	64.07
吉林	7 573.51	1.89	1 457.75	14.77	19.25	6 115.76	-0.77	80.75
重庆	7 309.92	9.89	2 090.60	19.83	28.60	5 219.32	6.37	71.40
广西	7 311.42	9.86	2 263.93	12.65	30.96	5 047.49	8.65	69.04
新疆	7 250.44	6.42	2 093.32	6.37	28.87	5 157.12	6.44	71.13
内蒙古	6 086.67	10.22	1 738.15	20.58	28.56	4 348.53	6.56	71.44
大连	5 730.00	10.00	1 630.00	14.00	28.45	4 100.00	8.42	71.55
宁波	5 117.70	9.70	2 232.30	19.38	43.62	2 885.40	2.29	56.38
青岛	4 957.00	4.18	1 598.00	16.76	32.24	3 359.00	-2.85	67.76
甘肃	4 789.08	7.72	1 351.25	12.14	28.22	3 437.83	7.70	71.78
贵州	4 082.89	21.41	1 441.94	13.00	35.32	2 640.95	26.55	64.68
厦门	2 331.17	12.22	829.82	11.45	35.60	1 501.35	12.65	64.40
宁夏	1 573.93	13.90	458.37	10.28	29.00	1 115.56	15.45	71.00
海南	1 497.43	3.21	542.76	9.95	36.25	954.67	-0.25	63.75
青海	785.35	6.64	355.35	11.00	45.00	430.00	3.00	55.00
西藏	156.97	9.38	156.97	9.38	100.00			

注：由于统计口径上有所不同，所以本表数据与中国保监会的统计数据有细微差异。

数据来源：中国保险年鉴（2006）。

附表 3－26　2005 年 25 家财

公司名称	保费收入							
	合计	企业财产保险	机动车辆保险	货物运输保险	责任保险	农业保险	意外伤害保险	其他保险
人保财险	65 981. 69	8 628. 36	44 504. 19	2 803. 67	2 586. 22	170. 90	2 309. 52	4 978. 84
太保产险	14 866. 00	2 264. 50	8 966. 70	756. 20	330. 80	0. 20	657. 40	1 890. 20
平安产险	12 675. 81	1 717. 18	7 907. 57	541. 41	577. 21	0. 00	326. 39	1 606. 05
中华联合	10 483. 79	427. 63	8 455. 49	124. 55	168. 90	248. 31	371. 83	687. 08
天安	6 335. 43	331. 91	5 159. 40	86. 69	60. 50	0. 00	251. 51	445. 42
大地	3 814. 60	268. 02	3 038. 04	103. 47	80. 70	0. 10	202. 40	121. 87
中国保险	3 319. 00	715. 00	1 413. 00	206. 00	416. 00	—	114. 00	455. 00
永安	3 162. 00	131. 52	2 693. 85	27. 48	29. 37	0. 00	122. 53	157. 25
华安	2 121. 29	101. 62	1 709. 40	19. 57	20. 68	0. 00	152. 81	117. 21
太平	1 391. 31	174. 82	940. 38	78. 64	44. 93	0. 00	47. 53	105. 01
华泰财产	1 176. 79	178. 09	649. 25	123. 87	55. 67	0. 00	30. 02	139. 99
大众	1 060. 71	141. 97	733. 86	43. 06	24. 95		43. 36	73. 51
安邦	1 001. 01	13. 66	736. 03	1. 33	222. 75	0. 00	12. 37	14. 87
美亚	567. 90	129. 44	4. 68	159. 03	186. 26	1. 11	28. 03	59. 35
东京海上日动上海	236. 64	65. 88	8. 32	113. 32	22. 15	0. 00	0. 86	26. 11
民安	228. 89	124. 56	89. 85	5. 47	8. 50		1. 17	7. 13
阳光农险	228. 40	2. 82	2. 33	0. 04	0. 39	219. 84	2. 13	0. 85
三井住友上海	156. 30	51. 69	0. 00	82. 04	16. 14	0. 00	1. 21	5. 23
永诚	133. 43	87. 21	6. 04	1. 98	1. 43	0. 00	2. 24	34. 54
安信农险	132. 42	7. 31	2. 04	0. 05	0. 60	114. 49	3. 72	4. 21
三星火灾	114. 90	39. 04	0. 00	67. 90	4. 32	0. 00	0. 82	2. 82
丰泰上海	78. 84	22. 61		12. 40	22. 96			20. 87
皇家太阳上海	71. 73	18. 88	0. 04	16. 98	24. 98	0. 00	0. 32	10. 53
安联	70. 54	22. 17	0. 00	4. 40	17. 54	0. 00	0. 65	25. 78
中银保险	61. 72	34. 44		2. 45	2. 02		0. 25	22. 56

注：民安包括民安深圳、民安海口；美亚包括美亚上海、美亚广州、美亚深圳。

数据来源：中国保险年鉴（2006）。

产险公司业务统计表

单位：百万元

赔款支出							
合计	企业财产保险	机动车辆保险	货物运输保险	责任保险	农业保险	意外伤害保险	其他保险
39 518.05	5 402.16	28 244.69	1 206.65	1 191.56	159.28	966.58	2 347.14
7 452.39	1 150.78	5 049.70	241.71	154.00	0.00	191.97	664.23
6 133.52	942.49	4 004.76	163.75	230.94	0.00	67.98	723.60
4 589.33	333.69	3 665.59	33.53	49.30	168.80	113.88	224.54
3 014.48	180.30	2 689.79	17.59	23.96	0.00	70.83	32.01
1 337.80	105.31	1 143.79	19.19	13.75	0.00	40.55	15.21
1 780.00	259.00	721.00	69.00	508.00	—	25.00	197.00
1 454.90	50.17	1 329.40	3.95	9.89	0.00	19.67	41.82
1 191.02	46.51	1 022.33	6.01	5.83	0.00	37.41	72.93
550.69	55.10	407.76	46.38	9.90	0.00	6.93	24.62
537.72	74.96	354.26	49.01	16.89	0.00	4.84	37.76
801.97	141.44	508.63	13.62	12.90		21.32	104.04
29.62	0.58	28.57	0.00	0.34	0.00	0.13	0.00
117.63	26.45	0.89	62.59	22.36	0.00	1.69	3.65
94.06	25.82	0.18	46.95	4.30	0.00	0.07	16.74
110.94	80.98	25.98	0.75	1.77		0.01	1.45
153.65	0.06	0.19		0.01	153.23	0.16	
32.13	9.01	0.00	20.72	0.77	0.00	0.06	1.57
19.34	18.05	0.14	0.00	0.00	0.00	0.01	1.14
91.29	3.66	0.11	0.03	0.06	86.13	0.30	1.00
46.54	17.16	0.00	28.97	0.17	0.00	0.00	0.24
8.25	1.30		4.33	1.56			1.06
12.28	4.64	0.00	4.04	3.39	0.00	0.00	0.21
9.60	0.00	0.00	0.26	0.31	0.00	0.01	9.02
10.17	8.26		0.50	0.35		0.02	1.04

附表 3－27　2005 年 25 家人身

公司名称	保费					
	合计	个人业务				
		人寿保险				意外伤害险
		合计	普通寿险产品	分红产品	其他产品	
中国人寿	160 949.00	124 484.00	38 498.00	85 913.00	73.00	3 975.00
平安人寿	58 848.90	39 248.30	9 075.96	15 336.59	14 835.75	617.45
太保人寿	36 201.40	26 723.11	11 946.92	14 759.89	16.30	612.43
新华人寿	21 077.57	17 824.04	707.09	14 711.08	570.81	53.99
中意人寿	19 971.95	576.35	16.08	395.17	165.09	9.60
泰康人寿	17 805.06	14 341.20	423.92	11 209.95	2 707.33	98.33
太平人寿	7 830.60	6 202.04	164.77	3 798.64	2 238.63	47.16
友邦保险	6 453.28	5 293.53	1 617.10	1 301.25	2 375.19	335.24
生命人寿	3 245.90	2 436.00	149.90	2 259.20	26.90	9.00
信诚	1 059.45	1 054.93	71.31	248.10	542.17	35.93
中英人寿	889.71	648.35	33.46	177.47	437.42	2.09
太平洋安泰	711.86	707.65	287.40	183.98	96.40	17.49
中宏人寿	701.95	623.13	73.91	526.55	22.67	12.47
民生人寿	674.37	422.55	0.91	421.64	0.00	35.17
合众人寿	579.81	340.03	285.73	54.30	0.00	1.16
金盛	294.47	293.48	66.76	194.64	9.30	3.59
安联大众	289.93	248.86	6.26	55.80	186.80	18.09
海康人寿	270.32	240.31	12.06	44.32	183.93	25.13
光大永明	256.65	195.11	20.79	4.50	169.82	3.59
海尔纽约	235.92	235.91	3.43	204.80	0.00	5.39
首创安泰	227.07	217.98	51.15	131.50	35.33	3.28
中保康联	219.77	212.63	5.97	85.70	120.96	2.35
恒安标准	219.31	217.82	217.57		0.28	0.80
国泰人寿	176.85	117.77	2.14	115.63	0.00	0.28
恒康天安	156.98	125.16	61.85	48.69	14.62	2.09

注：友邦包括友邦上海、友邦广州、友邦深圳、友邦北京、友邦苏州、友邦东莞、友邦江门。

数据来源：中国保险年鉴（2006）。

保险公司业务统计表

单位：百万元

收入							
	团体业务						
健康险	人寿保险				意外伤害险	健康险
	合计	普通寿险产品	分红产品	其他产品		
3 496.00	22 476.00	1 408.00	21 068.00	0.00	1 190.00	5 328.00
11 651.49	5 307.42	1 098.07	3 930.03	279.32	856.78	1 167.45
171.93	6 978.68	5 347.45	994.02	637.21	970.44	744.81
1 781.07	3 253.52	78.90	2 702.61	0.00	146.06	325.95
23.46	19 347.08	25.53	19 321.55	0.00	2.94	12.53
755.39	1 851.63	435.67	1 415.96	0.00	225.86	532.65
227.01	766.55	19.38	745.01	2.16	92.42	495.43
824.51						
28.80	737.60	0.50	164.40	572.70	9.50	25.00
157.42	4.52	0.37	0.00	0.00	1.71	2.44
27.17	203.48	74.11	129.37	0.00	5.15	3.48
122.38	4.21	0.09	0.00	1.62	1.27	1.23
65.44	0.07	0.07			0.43	0.43
156.24	44.98	44.73	0.25	0.00	6.97	8.46
5.59	208.92	2.25	206.67	0.00	2.74	21.37
19.19	0.99	0.09			0.59	0.30
6.04	16.33	0.07		16.26	0.35	0.26
4.88						
57.27	0.02	0.02			0.19	0.47
22.29	0.01	0.00	0.00	0.00	0.00	0.00
4.63	0.08	0.08			0.92	0.19
4.55	0.00	0.00	0.00	0.00	0.17	0.07
0.00	0.00				0.11	0.35
2.86	54.09	0.18	0.00	53.91	0.75	1.10
3.86	19.48	0.05	0.00	19.43	3.57	2.82

附表 3－27　2005 年 25 家人身

公司名称	赔款				
	合计	个人业务			
		赔款	死伤医疗给付	满期给付	年金给付
中国人寿	18 271.00	2 903.00	2 217.00	316.00	3 860.00
平安人寿	8 750.57	998.01	950.78	3 818.15	342.69
太保人寿	4 864.22	219.22	372.75	194.05	278.34
新华人寿	577.43	93.73	126.54	4.64	57.06
中意人寿	1 374.83	6.76	2.11	5.71	1.75
泰康人寿	1 327.16	135.28	135.78	116.41	195.00
太平人寿	217.35	43.96	23.54	0.00	0.88
友邦保险	654.79	197.86	55.90	31.62	369.41
生命人寿	13.30	2.10	2.80	0.00	0.00
信诚	53.82	31.52	21.46	0.72	0.00
中英人寿	7.91	2.11	0.70	0.00	0.01
太平洋安泰	94.01	9.64	18.67	0.00	65.43
中宏人寿	40.00	20.10	5.62	1.50	12.77
民生人寿	18.90	9.28	1.29	0.00	0.00
合众人寿	0.71	0.03	0.04	0.00	0.00
金盛	14.07	5.29	1.78		6.99
安联大众	9.33	2.56	2.03	2.99	1.72
海康人寿	2.32	1.38	0.10		0.84
光大永明	3.78	1.67	2.01		0.10
海尔纽约	1.14	0.85	0.29	0.00	0.00
首创安泰	5.32	1.47	0.92		2.81
中保康联	2.47	0.13	0.98	1.36	0.00
恒安标准	0.41		0.41	0.00	0.00
国泰人寿	0.13	0.01	0.05	0.00	0.00
恒康天安	4.23	1.04	0.67	0.00	2.44

保险公司业务统计表（续）

单位：百万元

支出				
团体业务				退保
赔款	死伤医疗给付	满期给付	年金给付	
4 053.00	1 017.00	3 710.00	196.00	26 892.00
1 060.21	31.46	9.78	1 539.48	6 956.10
820.68	22.67	2 850.19	106.32	6 475.05
172.88	34.15	25.47	62.96	2 790.50
1.84	0.00	0.00	1 356.65	10.92
580.62	8.98	3.97	151.12	1 488.85
124.61	1.87	5.34	17.16	497.25
				278.98
2.60	0.20	5.20	0.40	322.40
0.12	0.00	0.00	0.00	125.14
0.68	0.05	0.00	4.36	2.83
0.27	0.00	0.00	0.00	45.51
0.01				39.13
7.99	0.12	0.00	0.22	395.26
0.64	0.00	0.00	0.00	3.30
0.01				52.35
0.00	0.03			35.20
				2.50
				19.81
0.00	0.00	0.00	0.00	8.88
0.10	0.03			5.31
0.00	0.00	0.00	0.00	13.77
0.00	0.00	0.00	0.00	7.47
0.07	0.00	0.00	0.00	0.36
0.08	0.00	0.00	0.00	12.39

责任编辑：张　铁　戴　硕　亓　霞
责任校对：李俊英
责任印制：裴　刚

图书在版编目（CIP）数据

中国金融稳定报告.2006（Zhongguo Jinrong Wending Baogao. 2006）/中国人民银行金融稳定分析小组.—北京：中国金融出版社，2006.10
ISBN 7-5049-4175-1

Ⅰ.中…　Ⅱ.中…　Ⅲ.金融稳定-研究报告-中国-2006　Ⅳ.F832.5

中国版本图书馆 CIP 数据核字（2006）第 118661 号

出版发行　中国金融出版社
社址　北京市广安门外小红庙南里 3 号
市场开发部　（010）63272190，66070804（传真）
网上书店　http://www.chinafph.com
（010）63286832，63365686（传真）
读者服务部　（010）66070833，82672183
邮编　100055
经销　新华书店
印刷　北京佳信达印刷有限公司
尺寸　210 毫米×285 毫米
印张　11.75
字数　224 千
版次　2006 年 10 月第 1 版
印次　2006 年 10 月第 1 次印刷
定价　168.00 元